東アジア思想史的観点からみた

黄俊傑　著
藤井倫明　訳

風響社

原著：『思想史視野中的東亜』
（臺大出版中心、2016年、東亜儒学研究叢書23）

自序

本書『思想史の観点から見た東アジア』は、筆者が、近年進めてきた東アジア思想史研究の成果としての短編論文一〇篇を集めて一書にまとめたものである。それぞれの論文のテーマは、互いに独立したものであり、その中には、筆者が近年進めてきた東アジアの儒者の「仁」学に関する研究の上で出会った多くの問題を解決するために著されたものもあるが、ここにそれらを集めて論文集の形で出版することにした。本書を出版するに当たり、各章の要旨を説明して、読者諸賢の便に供したい。

二一世紀に入ってからも世界情勢は混乱し、不安定な状況が続いている。アジアの台頭という新時代の潮流の中、東アジア各国の人文研究には、互いに補い合いながらも、また互いに揺さぶり合う二つの研究方法が出現している。まず、長い歴史を持つ国家を枠組みとする国別の研究が継続して発展しているが、その一方で、東アジアを視野とし、東アジアを一つの区域とする新たな研究が出現し、勢いよく発展を遂げつつある。第一章として収録した論文は、ここ三〇〇年間にわたる東アジア各国の思想交流経験における「受容者の主体性」と「概念の自主性」及び交流過程に見られる「概念の階層性」といった問題について考察を加えている。この論文では、「道」・「仁」・「仁政」・「中国」・「革命」など思想スペクトル上、強度やレベルの異なる概念を例として取り上げ、これらの概念が東アジア思想交流の過程において、異域の受容者にもたらした衝撃、また異域の受容者がこれらの概念に対して採った「流用」と「新解釈」という方法について検討した。この論文は、筆者がかつて提起した東アジア思想交流における「脈絡上の転換」（contextual turn）という現象（Chun-chieh Huang, East Asian Confucianisms: Texts in Contexts, Göttingen and Taipei: V&R unipress and National Taiwan University Press, 2015, chapter 2, pp.41-56を参照）に対してさらに踏み込んだ分析を加えたものでもある。

二〇世紀以前の東アジア思想交流史においては、儒教思想が主流の地位を占めていた。第二章として掲載した論文では、儒教伝統に深く浸透している中国の歴史思惟に関わる幾つかのキーワードに分析を加え、中国の歴史思惟に見られる「事実判断」と「価値判断」の密接な関係を明らかにした。なお拙著『儒教思想と中国の歴史思惟』（台湾大学出版中心、二〇一四年）においても、中国の歴史思惟における「事実」と「価値」の結びつきという事実について検討を加えているが、第二章の論文では、さらに踏み込んで、このような歴史思惟の特質は、単に中国の歴史著述の中だけでなく、一二世紀の朝鮮の史家金富軾（一〇七五—一一五二）の著した『三国史記』や二〇世紀の連横（一八七八—一九三六）が著した『台湾通史』などにも見られることを指摘している。

第三章の論文は、中国と朝鮮の歴史に見られる、緊張関係にありながら、互いに離れられない儒家知識人と政治権力との関係について比較・検討している。第四章の論文は、朝鮮時代の君臣間の対話で取り上げられている『論語』について分析を加え、彼らにとって儒教経典とは、俗世を超絶し、現実と無縁な高尚なる経典であったのではなく、現実の政治と緊密に関わり合い、啓示を与えてくれる政治面での福音書のようなものであったことを検証した。『論語』という経典は、朝鮮の支配階級の政策や対策において、指導的（orientative）あるいは指標的（evaluative）役割を果たしていた。朝鮮時代の支配階級にとって、儒教経典のテキストを解釈するということは、同時に経典テキストを運用するということをも意味していたのである。

日・中の思想を比較してみると、中国の儒者（特に宋代の理学家）が「心情倫理学」に傾いていたとすると、日本の儒者（特に古学派の儒者）は「実学」思想のムードに浸かっていて、その多くは「実効倫理学」に傾いていた。第五章の論文で、江戸時代日本の儒者の「実効倫理学」の立場を分析し、日本の儒者は「善の本質とは何か」といった問題にはあまり関心を示さず、彼らが終始こだわったのは「善行はどのような効果をもたらすのか」という問題であったことを指摘した。日本の儒者の哲学的立場は、比較的に北宋の功利学派に近いものであったと言える。

第一章で、東アジア交流史に登場する概念には階層性があると指摘したが、「仁」や「道」といった普遍性が高い概念ほど、異域の人々に受け入れられやすく、「中国」など特殊性が高い概念ほど受け入れられ難く、その場合、必ず「脱脈絡化」と「再脈絡化」がなされ、「脈絡上の転換」が行われなければならない。第六章では、一一世紀中国北宋の石介（一〇〇五—一〇四五）の「中国論」と一八世紀日本の浅見絅斎（一六五二—一七一二）の「中国弁」という「中国」概念について論じた二つの文章を比較し、石介と絅斎は同じように「中国」ということばを使用しているが、二人はまったく異なる世界観を展開しており、両者の「中国」論述は互いに異なる理論的前提に立脚していたことを指摘した。東アジアの歴史において、歴史の扉が急激に動いた重要な時期、東アジアの知識人は決まって中国の動向を注意深く観察していた。二〇世紀の歴史を例として言えば、一九二〇年代は、中国の歴史が再び大きな変動を体験した年代であり、一九二八年六月、北伐が完成して中国は統一を実現し、中国の知識界に「中国社会史論戦」が起こり、中国の未来の道筋が模索された時期であった。日本の漢学者内藤湖南（一八六六―一九三四）は、一九一四年に「支那論」を著していたが、一九二四年になると改めて「新支那論」を発表し、中国の動向に対する彼の見方を伝えた。このように日本の知識人の中から様々な「中国改造論」が提出されたが、一九二六年から一九二七年にかけて、台湾の知識人も『台湾民報』の中で、「中国改造論」にかかわる論争を展開した。抗日戦争末期の一九四三年、羅夢冊（一九〇六―一九九一）は、重慶において『中国論』を著した。今日の中国と東アジアは、まさに歴史の十字路に立っており、国内外でなされている中国論述は、人によって見方が異なっており、雑然として統一を見ていない。第六章の論文は、このような歴史的背景の下で書かれたものである。司馬遷が『史記』を著述して展開したのは「始めを原《たず》ねて終わりを察し、盛を見て衰を観る」という歴史的眼識であり、筆者には到底及びもつかぬ境地ながら、それを目標として進んでいきたいと考えている。歴史の局面が翻転しつつあるこの二一世紀、第六章には、司馬遷の所謂「過去を振り返り、来る未来を展望する」（「太史公自序」）という微意が込められている。

二一世紀の東アジアは、経済が急速に成長し、活気に満ちた繁栄を遂げているように見えるが、その一方で、各国で民族主義が言いはやされ、東アジアの国際関係は緊張し、戦雲が垂れ込めている。中国文化と西洋文化が激しく優劣を争っているこの二一世紀という時代にあって、東アジアの儒教教育哲学と儒家王道政治の理念は、大きな時代的意義を持っているだろう。第七章・第八章では、東アジアの儒者の「己の為にするの学」を核心とする教育哲学と「王道」を中心とする政治哲学の内容を検討し、それらが二一世紀に対して有している新たな意味について展望した。第九章では、さらに孫文（一八六六―一九二五）が一九二四年、神戸における講演で打ち出した「大アジア主義」の「王道」思想、及びその背景となっている日中関係史と世界史について考察した。二一世紀、アジア各国の民族主義的風潮が急速に高まり、国際関係が日増しに緊張している今日、孫文の思想は、アジアに平和を築き上げていく上で重要な意味を持っているであろう。

近年、東アジアを「接触空間」と見なす思想史論著がたくさん世に出ているが、その中で、山室信一（一九五一―）氏の理論は、特に傾聴に値するものであろう。そこで、第一〇章では、山室氏が提唱している東アジア「空間」を「思想」とする研究アプローチとその可能性という問題について検討を加えた。

総じて、思想史的観点から見た東アジアという空間は、それを映像に例えれば、モノクロではなくカラー映像であった。儒教の伝統は、東アジア思想交流において一貫して主流の地位を占めていたが、儒教以外の思潮（仏教など）も逆巻いており、「万山、一渓の奔を許さず」という光景を呈していた。また中国の儒学が朝鮮半島や日本に伝わると、儒教の伝統は、東アジアにおいて新たな解釈を施されて日々新たな変貌を遂げ、中・日・朝・ベトナムなど異なる時代、地域の国君と儒臣が古代儒教経典に現代政治的な意味合いを読み込み、経典中から現実政治と関わるインスピレーションを得ていた。さらに異なる学派の思想家が対話に参与し、新たな解釈を提出した。哲学的立場を異にする各国の儒者が経典を閲読したわけで、そこには当然激しい、主客の衝突という場面も見られた。山室信一氏の言う「創り出されたアジア」（「与えられたアジア」に対して言う）の形成と発展の過程において、「東アジア」地域は、実際にはさまざまな声で賑わっている劇場であり、決して単一国家によって指揮されている交響曲ではなかった。一七世紀以後、東アジア各国において主体性が次第に形成され、たくましく成長していったが、東アジア各国は儒学・仏教・漢字・中国医学など共通の文化要素を分かち合っており、歴史の地平線において、「東アジア」という概念は東アジア各国の人民の交流の中に存在しており、各国人民から遊離した抽象的概念ではなかった。東アジアの思想及び文化の主流としての儒教的価値体系は、一貫して東アジア各国の知識人と庶民大衆が共に享受した精神的資産であり、決して少数のエリートや権力階級によって牛耳られたイデオロギーではなかった。儒教の「王道文化」のエッセンスは、まさにこの点にあると言えるであろう。

本書に収録した一〇篇の論文は、筆者の最近の読書によって得た卑見をまとめたものであり、見識の狭さの致すところ、問題も多々あると思われる。読者諸賢の御批正を乞う次第である。

二〇一六年七月一日

黄俊傑

●目次

装丁＝オーバードライブ・前田幸江

●思想史的観点からみた東アジア

第一章　東アジア近世の思想交流における概念の類型とその移動

一　はじめに

東アジア地域は、古より多様な文化と政治権力とが出会い、ぶつかり合い、融合してきた「接触空間」（contact zone）である[1]。一九世紀の中葉、ヨーロッパ列強が侵入する以前の東アジア世界では、中華帝国が最大の権力を持っており、権力及び文化が非対等的な状況の中で、交流が行われていた。

ここ三〇〇年にわたる東アジアの思想交流において、「道」・「仁」・「仁政」・「中国」・「革命」等といった多くの重要概念が中国において生み出され、周辺地域に伝播していった。東アジア地域における概念の移動と伝播の過程には、エドワード・サイード（Edward W. Said, 1935-2003）が、近代西洋文学理論の移動経験から帰納している四つの段階、すなわち①起源点、②時間の距離、③受容の条件、④新たな時空での新たな用法と新たな地位の形成[2]などが現れている。しかし、東アジア交流史における概念の移動過程においては、外来の概念とその移入地の文化的要素の間で熾烈な衝突が生じており、踏み込んで考察するに値する。

本章では、東アジア地域の思想交流に見られる四つの概念、「道」・「仁政」・「中国」・「湯武革命」などを具体的例証として取り上げ、概念の類型及びその移動後の反応を分析して、以下のような点を指摘した。東アジアの思想交流においては、概念の「普遍性」(universality)が高ければ高いほど、異域の人々に受け入れられやすく、時空を異にする文化的状況や異域の人々の思想的脈絡に溶け込みやすい。それに反して、概念の「特殊性」(particularity)が高ければ高いほど、伝播した地域の知識人に排斥されやすく、その地の文化的・政治的状況に溶け込むことが難しくなる。「普遍性」が高い概念は、「超時空性」が強く、その多くは「文化アイデンティティー」(cultural identity)の領域に属するものである。一方、「特殊性」が高い概念は、「時空性」を強く帯びており、往々にして「政治アイデンティティー」(political identity)の問題に関わるものである。

上に指摘したような観点を論証するために、第二節では、先ず東アジアの思想交流における概念受容者の主体性の問題及びそれが概念の移動の過程で及ぼす作用について検討したい。第三節では、概念の類別及びその思想交流中の効果を分析し、第四節で結論を述べたい。

二　東アジアの思想交流における受容者の主体性の問題

思想交流における受容者の主体性という問題に入る前に、先ず次の点を確認しておきたい。如何なる抽象概念も、一旦その発祥地において形成され、あるいは思想家によって提出された後は、思想受容者が自主的に受け取れるという意味での「自主性」を獲得する。よって、それは流動性を備えており、異なる時間や空間に移動することが可能である。後に思想交流に参与した人物は、各種の比喩を用いて抽象概念を具体化するが、これは抽象概念の内容を明らかにするためであり、概念自体は具体化され固定化されたことによって、その領域を超える流動性を阻害されることはない。

一九世紀の中葉に至るまで、中華帝国はずっと東アジア交流世界の権威であり、多くの思想あるいは概念の発祥地であった。よって、これまでの東アジア文化交流史に関する学術研究の多くは、往々にして過度に「中国」に焦点を合わせ、中国を「中心」として、その周辺に対する「影響」の研究に力を入れてきた[3]。こうした中国文化の周辺諸国への伝播についての研究は、すでに豊富な成果があげられており、その学術的貢献は否定できない。しかし、ここでは、「中心」とする中国の文化と思想が最高の標準モデルとして想定され、周辺国家の文化と思想がその標準モデルからどれだけ離れているかという物差しで検証されている。このような研究は、「忠実度の研究」（fidelity studies）と称することができる。

このような研究視点は、操作の上で確かに便利であり、かなりの研究成果をあげてきているが、このような研究の最大の問題は、文化・思想を受容する側にも主体性があるという事実を見落としている点にある。東晋（三一七―四二〇）の郭璞（二七六―三二四）が、「物は自ら異ならず。我を待ちて後に異なる」[4]と指摘しているように、「自我」の主体性が先ず確立した上で、はじめて文化交流の中で、本当に「他者」を認識し、「他者」と親しく交わることができるのである。思想あるいは概念の受容者は、自分たちの特定の時間・空間に身をおいており、外から伝来した新しい思想や概念に出会った時、彼らは自らそれを受け入れるのか拒否するのか、あるいはまたどのように受け入れるのか、どのような変化を加えるのかを決めるのである。東アジア思想交流史において、概念の受容者は決して全く主体性を持たずに外来思想に染められるのを待っているわけではなく、彼らはまさに外来思想とあるいは衝突し、あるいは妥協・融合していく過程の中で、自らの主体性を確立し、アイデンティティーを明らかにしていくのである。

しかしながら、ここで言う「思想受容者の主体性」とは何か。この問題は、次の二つの視点から考えてみることができる。一つ目の視点は、「主・客の対峙」という意味での「主体性」である。「主」とは、文化交流中の思想や概念の受容者を指して言い、「客」とは外から伝播してきた文化や思想を指して言う。概念の創始者や発祥地を「他者」とするという観点から言えば、概念の受容者は、決して己を屈して人に従うのではなく、かえって「他者」に由来する概念に変更を加えたり、あるいは「他者」の思想を改めて解釈し直し、「自己」の思想風土に適応させ、概念受容者の主体性を明らかにしようとつとめるのである。

二つ目の視点は、外来の概念が移入した後に生じるであろう社会・政治・経済的効果に対して言えば、外来概念の受容者としての「人」こそが「主体」であるというものである。これは「主・副の対峙」という意味での「主体性」である。『六祖壇経』に「一切の修多羅及び諸の文字は、〔……〕皆人に因りて置く」[5]とあるように、概念の移動過程において衝突するのはテキストの閲読者であり、閲読者こそが外来の概念を解読する主体なのである。東アジアの儒家経典の閲読者にとって経典の文字の解読というのは二次的な作業であり、最も重要なのは、経典閲読者の生命が如何にして経典の召命・感化

（calling）を受けて、変化し向上するかという点にあった。「主・客の対峙」について言うにしろ、「主・副の対峙」について言うにしろ、経典解読者の「主体性」は、常にトップの地位にあったのである。

以上のような二つの意味での「受容者の主体性」を反映して、外来の概念の移動は、常に以下の二つの調整方式を経ることとなる。

第一の調整方式は、「流用」（appropriation）である。思想交流あるいは概念移動において、「テキスト」は決してもとのままで理解されるのではなく、実際には、「テキスト」は解読者の置かれている状況に対応し、異域の解読者に開け放たれ、語りかけるのである。[6]「テキスト」と解読者の対話の過程において、「テキスト」が内包している意味は、必然的に解読者によって「流用」され、新たな意味を生み出すことになる。

東アジアにおける概念の移動中、日本による「中国」という概念に対する「流用」が、その最も代表的な例である。筆者は以前、「中国古代の経典に見られる『中国』という言葉は、地理的には、中国が世界の中心であり、中国以外の東西南北四方の地は辺境で、政治的には、中国こそが王政が施行される地域だと考えるものである」と指摘したことがある。[7]一一世紀前半の北宋の石介（一〇〇五―一〇四五）が著した「中国論」という「中国」をテーマとした論考の中では、「中国」が宇宙の中心に位置する国家にまで高められている。石介は次のように指摘している。[8]

夫れ天は上に処《お》り、地は下に処り、天地の中に居る者を中国と曰い、天地の偏に居る者を四夷と曰う。四夷は外なり、中国は内なり。天地、之を内外に為すは限る所以なり。

一七世紀以後、中国の典籍が日本に伝わると、このような定義の下での「中国」という概念は、日本の知識人の承認を得難く、彼らは「日本の主体性」という立場から、「中国」という言葉を流用して日本を指すものとした。一七世紀の山鹿素行は次のように指摘している。(9)

本朝を中国の謂と為す。先ず是れ天照大神、天上に在りて曰く、葦原中国に保食神有りと聞くと。然らば乃ち中国の称、往古より既に此有り。〔……〕愚按ずるに、天地の運《めぐ》る所、四時の交わる所、其の中を得れば、則ち風雨寒暑の会、偏せず、故に水土沃にして人物精、是れ乃ち中国と称すべし。万邦の衆き、唯だ本朝及び外朝のみ其の中を得。而して本朝の神代、既に天御中主尊有り、二神国中の柱を立つ。則ち本朝の中国為ること、天地自然の勢なり。

三〇年後の浅見絅斎(一六五二—一七一二)は、「中国弁」という文章を書いて、「中国」概念の地理的な固定性を解体し、日本と中国は「それぞれが天下の一部分」であり、両者に尊卑貴賤の違いはないのだと主張した。浅見絅斎は次のように指摘している。(10)

中国夷狄ノ名、儒書ニ在リ来ルコト久シ。ソレ故吾国ニ有テ儒書サカンニ行ハレ、儒書ヲ読ホドノ者、唐ヲ以中国トシ、吾国ヲ夷狄トシ、甚シキ者ハ、吾夷狄ニ生マレタリトテクヤミナゲクノ徒有之。〔……〕夫天、地外ヲ包、地、往トシテ天ヲイタダカザル所ナシ。然レバ、各其土地風俗ノカギル処、各一分ノ天下ニテ、タガイニ尊卑貴賤ノキライナシ。

江戸時代の日本の知識人は、「日本の主体性」という立場に立ち、「中国」という概念に含まれていた「中国中心主義」（Sino-centrism）を「脱脈絡化」し、「中国」という概念を日本の社会・政治状況の中で「再脈絡化」したのであり、これは「脈絡上の転換」[11]の中で外来概念を「流用」した最も典型的な事例だと言うことができる。

第二の調整方式は、「再解釈」（re-interpretation）である。外来の概念に対して新たな解釈を提出し、新たな意味を付与し、外来の概念を被移入地の人々に容易に理解させ、受け入れやすいようにし、その土地の文化・風土に融合させることである。

中国の「仁」という概念の日本への伝播の歴史は、このような古きものを新たな形に変貌させるという方式の最も適当な事例であろう。先秦儒家の「仁」学に関する論述において、「仁」は私領域の私人の道徳であると同時に、公領域の社会倫理及び政治原則でもあった。蕭公権（一八九七―一九八一）氏が指摘しているように、「孔子の仁を言うや、実は已に道徳・人倫・政治を一爐に治し、人・己・家・国を一貫に致す[12]」ものであった。孔子の後、「仁」は東アジア各国の儒者が共有する核心的価値理念となり、古代の中国では「愛」という観点から「仁」を説く場合が多かったが、南宋の朱子（一一三〇―一二〇〇）が「仁説」という論文を著し、「仁」を「心の徳、愛の理」と解釈したことで、「仁」

は宇宙論的・形而上学的レベルの概念へと高まり、人間存在の幅を広げ、奥行きを深めることになった。

朱子が「仁説」を提出して以後、朝鮮時代（一三九二―一九一〇）の儒者、鄭介清（一五二九―一五九〇）[13]や尹舜挙（一五九六―一六六八）[14]・柳致明（一七七七―一八六一）[15]・徐聖耉（一六六三―一七三五）[16]・李野淳（一七五五―一八三一）[17]・李滉（一五〇一―一五七〇）[18]等は、同じように朱子の「仁」学説を分析する文章を書いている。江戸時代の日本の儒者も、「仁説」と題して多くの文章を書いている。伊藤仁斎（一六二七―一七〇五）[19]・豊島豊洲（一七三六―一八一四）[20]・頼杏坪（一七五六―一八三四）[21]・浅見絅斎（一六五二―一七一一）[22]らは、皆「仁説」と題する論考を著している。大田錦城（一七六五―一八二五）にも「洙泗仁説」がある。[23]朱子の「仁」学説は、日本に伝わった後、日本の儒者によって激しく批判されることになった。筆者はかつて、江戸時代の日本の儒者の朱子「仁説」に対する反応について研究したことがあるが、日本の儒者の反応は、主に以下の二つの系統に分けられる。一つ目は形而上学の解体である。日本の儒者が「仁」を説く場合、その多くは「理」によって仁を解釈する朱子学の立場を採用していない。伊藤仁斎が中年以降著した『語孟字義』・『童子問』といった著述では、完全に朱子学の影響から抜け出し、先秦時代の孔門の「愛」によって「仁」を解釈する方向に進んでおり、具体的な「人倫日用」の中で「仁」という価値理念を実践すべきことを強調している。[24]荻生徂徠（一六六六―一七二八）は、「仁」を「安民の徳」と解釈している。朱子学の立場を取るにしろ、反朱子学の立場を取るにしろ、日本の儒者の多くは、朱子学の形而上学的基礎を解体することに力を注いでいる。伝統的な言葉を用いて言えば、彼らは、「気」論の立場に基づいて、朱子の仁学に含まれている「理」

学思想に反対したのである。日本の儒者の「仁」解釈の二つ目の系統は、実際の社会・政治生活の中で「仁」に新たな意義を付与することである。日本の儒者は、朱子が「仁」を「理」と解釈したことに反対し、また「覚」とすることにも反対した。彼らは、「仁」とは愛の実践を通してのみ明らかになる概念だと主張した。伊藤仁斎は、「仁者の心は、愛を以て体と為す」と説き、人と人との交わりという脈絡の中で「仁」を語った。一方、荻生徂徠は「仁は、安民の徳なり」と説き、政治的脈絡の中で「仁」を解釈した(25)。

江戸時代の日本の儒者による中国儒学に由来する「仁」概念に対する再解釈の中に、我々は、「日本の主体性」が、東アジアにおける概念移動の中で大きく作用していることを確認でき、また外来の概念は、必ず新たに解釈し直されることにより、初めてその土地の文化的ムードや社会環境に適応できるようになるのだということが分かる。

なお、方法上は「流用」と「再解釈」というように、二つを異なるものと区別することができるが、東アジアにおける概念移動の実際の過程においては、「流用」と「再解釈」とは、通常同時に進行し同時に完成するものであることも指摘しておきたい。

三　東アジア思想交流中の概念の類別及びその移動の効果

上述したような、ある概念がその発祥した地域から受容される地域へ移入する際に出現する「流用」と「再解釈」という二つの現象は、その概念の類型と密接に関わっている。ここで言う概念の類型は、よく概念の階層性（hierarchy）とも表現される。

大まかに説明すると、我々は、地域を跨って移動する概念を「普遍性と特殊性」の強度によって区別することができる。概念の「普遍性」が高ければ高いほど、異なる地域で受け入れられる可能性が高まる。例えば、中国の古典によく登場する「道」や「仁」といった重要概念は、時空を超越した「文化アイデンティティー」あるいは「価値アイデンティティー」を有しており、通常、異域のテキスト解読者に強烈に「呼びかけ」（calling）を行い、彼らにそれを全人格的に受け入れさせ、影響を与えることが可能である。それに対して、概念の「普遍性」が低く、「特殊性」が高い場合は、一般に特定の時空の下での思想的産物であり、発祥地の特殊な政治的・社会的環境に根を張っているものであるため、そのままでは受け入れられにくく、よって、容易には受容されない。中国の経典によく見られる「中国」や「革命」といった概念は、こうした「政治アイデンティティー」の範囲に属するものである。

ここで具体例をあげて、上に指摘した二つの類型（と階層性）の概念及びそれが異なる地域に移入した時の効果について説明してみよう。

まず、東アジアの思想交流史において、「普遍性」が最も高く、東アジア知識人の核心的価値理念となったものの一つに、「道」という概念がある。

孔子は終生「道」を慕い、「道」に志し、仁義道徳に依拠し、神化不測の妙を人倫日用の間に体現した。『中庸』の第一章に「道なる者は、須臾も離るべからざるなり。離るべきは、道に非ざるなり」とある。孔子は、「一以て之を貫く」という言葉で、終生「道」を守り抜くという堅忍不抜の志を表現した。

「道」という概念は、中国の儒教伝統では、「内在的」性格とともに「超越的」性格を有しており、「高明を極めて中庸に道《よ》る」（『中庸』第二七章）と表現されるようなものである。日本の儒者は、儒者たる者、必ず「道」を求め、「道」を行い、「道」を守らなければならないという立場に同意しているが、中国に由来する「道」という概念の内容については、新しい解釈を施している。つまり、日本の儒者は、「道」の「日常性」を強調したのである。

山鹿素行は、孔子の「道」とは「日用、共に由りて当に行うべき所の」の「人道」だと説いている。[26] 一七世紀の古学派を代表する儒者伊藤仁斎は、孔子の「道」は「彝倫綱常の間に過ぎず、人を済《すく》うを大と為す」と指摘している。[27] 仁斎は、孔子の「朝に道を聞かば、夕に死すとも可なり」（『論語』里仁篇）という一句を解釈して、「夫れ道とは、人の人為る所以の道なり」と述べている。[28] 一八世紀の古文辞学派の大家荻生徂徠は、「蓋し孔子の道は、即ち先王の道なり。先王の道は、先王、安民の為に之を立つ」と語り、[29] また「大抵先王の道は外に在り。其の礼と義とは、皆多く人に施す者を以て之を言う」とも指摘している。[30] 江戸時代の日本の儒者は、「実学」の思想ムードの中に浸っており、彼らは、「道」を価値アイデンティティーの対象としていたが、彼らが「道」を解釈する時に最もよく用いたのが「人倫日用」の四字であり、彼らが強調したのは「道」の日常性であった。彼らは、新たな解釈を施すことで中国儒学の「道」の超越性を解体し、彼らが属している社会・文化の「主体性」を展開したのである。

東アジアの思想交流史において、その「普遍性」が「道」よりもいささか低いものに「仁政」という政治理念がある。東アジア各国の知識人は皆、統治者の道徳責任は「仁政」を施すことにあり、「仁政」は統治者の「仁心」を基礎とするという観点に同意している。前節で説明したように、日本の古学派の儒者の多くは、「愛」によって「仁」を説明するというアプローチを取っており、彼らは皆、朱子の「理」によって「仁」を説く宋学的モデルを退けた。古代中国の「仁政」概念が日本に伝わると、統治者が施している政治が「仁政」であるかどうか（例えば管仲は「仁」者と称する資格があるかなど）を判断する際に、日本の儒者がとった立場は、「実効倫理学」であり「心情倫理学」ではなかった(31)。朝鮮時代（一三九二―一九一〇）の儒臣の上疏にしろ宮廷での君臣間の対話にしろ、あるいはまた伝統中国の儒者の「仁政」に対する議論にしろ、共通して「仁政」の具体的政治あるいは経済措置が着実に行われているかどうかが重視されており、「仁政」に対する統治者としての道徳責任の理論分析にポイントは置かれていない(32)。

「仁政」という概念が古代中国において孟子によって提出されて以降、皇帝制時代の中国、朝鮮時代の朝鮮及び江戸時代（一六〇三―一八六八）の日本においては、「仁政」概念は「政理」ではなく「政術」と理解されたが(33)、その主たる原因は、それが専制王権の権力のネットワークの中で篩《ふるい》にかけられ、濾過されてしまったからに他ならない。「仁政」という概念は、東アジア各国の知識人が共有する重要な概念であるが、その政治性が「道」という概念の場合よりもはるかにまさっているため、時空を異にする概念受容者は、常に彼らが身を置いている時空の状況に応じて、条件付きで受容するか、あるいは新たな解釈を施さなければならなかったのである。

「道」や「仁政」という概念と比較すると、「中国」や「革命」という概念の「普遍性」はより低く、そのため、概念移入地の知識人に拒絶されるか、そうでなければ、必ず大幅にその意味が改められなければならなかった。前節で、日本の儒者が「中国」という言葉を流用して、日本を指すものとした事例を確認した通りである。

「中国」という概念は、中国の古典では、「政治アイデンティティー」と「文化アイデンティティー」が融合一体となっていた。また「中国」は宇宙の中心で、「辺境」との間に超えることのできない壁があった。両者は二元対立の関係にあり、この二元対立の関係から「中心」と「辺境」という「道徳的二元性」が派生している。このような「中国」論述は、一一世紀北宋の石介が著した「中国論」という文章の中に完全な形で展開されている。

中国で生まれた「中国」概念が日本に伝わると、強烈な挑戦を受けることとなった。一八世紀の浅見絅斎が著した「中国弁」という一文では、「中国」は地理上の固定不変な概念ではなく、『春秋』の旨」によれば[34]、いかなる国も皆自国を主体としており、いかなる国も皆「中国」と称することができるのだと主張されている。「中国」概念の移動及びその異域で獲得した新たな解釈から、我々は、「中国」概念中の「政治アイデンティティー」の要素が取り除かれ、「名分論」の要素が強調されていることを確認できる。このような「脱脈絡化」と「再脈絡化」の過程を経た後、日本の知識人は、中国という言葉を「流用」して、声を強めて日本こそ「中国」と称する資格があるのだと主張できるようになったのである。この点については、第七章で石介の「中国論」と絅斎の「中国弁」を取り上げ、踏み込んだ分析と比較を行っている。

東アジアの交流史において、「中国」という概念より、強烈な政治性を帯び、伝播の過程において激しい議論を引き起こしたのが「湯武革命」という概念である。この概念は、古代中国の経典『易経』革卦の彖に「湯武の革命は、天に順いて人に応ず[35]」とあるのを出典とするものであり、孟子は「仁を賊《そこな》う者、之を賊と謂う。義を賊う者、之を残と謂う。残賊の人は、之を一夫と謂う。一夫の紂を誅するを聞くも、未だ君を弑するを聞かず」(『孟子』梁恵王下)と指摘している。孟子は、仁義を害するような統治者は、すでにその合法性を失っており、「一夫」に他ならないと主張している。荀子も湯武革命を是認して、「奪いて然る後に義、殺して然る後に仁、上下位を易えて然る後に貞、功は天地に参《まじ》わり、沢は生民に被《こうむ》る」(『荀子』臣道篇第一三)と指摘している。「湯武革命」という概念は、封建体制下、国が林立して覇権を争っていた古代の中国で形成されたものであるが、紀元前二二一年に秦という統一王朝が中国の歴史に出現すると、この政治理念と専制政体との間の緊張性が高まり、爆発することとなる。宋代の中国で孟子を批判した知識人、李覯(一〇〇九—一〇五九)・鄭厚叔(—一一三五)及び司馬光(一〇一九—一〇八六)などは、孟子が湯武革命を肯定し、周王を尊重しない言論を俎上に載せ、孟子の君臣観を毒蛇猛獣のように害悪なものとみなし、孟子に対して激烈な攻撃を加えた[36]。

中国で大きな論議を引き起こしたこの「湯武革命」という概念が朝鮮や日本へ伝わると、異なる権力関係のネットワークの作用を受け、異なる解釈が施されるようになる。朝鮮国王仁祖は、兄の光海君を打倒してを王位を獲得した。一六四一年(仁祖一九年、明の崇禎一四年)七月一〇日甲申の『仁祖実録』は、延陽君李時白が仁祖に奉った文書の中に、「光海の罪悪は、啻《ただ》に桀・紂の如きのみならず。

反正の挙、湯武より光《かがや》き有り。臣、一夫の紂を誅するを聞くも、未だ桀、紂を以て遜位を為すを聞かざるなり[37]」という礼官の言葉を引用していることを記載している。この礼官は、明らかに仁祖の歓心を買うために孟子の「湯武革命論」を肯定しているのである。

上述したような事例の他は、朝鮮の儒臣は「湯武革命」に対して基本的には保留の態度をとった。その主な原因は、南孝温（一四五四—一四九二）が指摘しているように、「君臣の分は、天地の易うべからざるが如し。革命の際、君桀紂の如く、臣湯武の如きに非ざれば、則ち命を判ち名に逆うのみ」だからである[38]。朝鮮の儒臣の多くは、「君臣の分」という権力構造の下で「湯武革命」について考え、常に「常と変」や「経と権[39]」、あるいは「湯武革命と匹夫革命」という対比の中で、「湯武革命」に合理的な解釈を施そうとした。なぜなら、彼らは皆、「苟しくも一日だにも君臣の分有る者なれば、則ち君の無道にして、匡救すること能わず、しかも又従りて利と為すは、則ち甚だ不可なり」ということを認めていたからである[40]。

「湯武革命」という政治理念は、江戸時代においても強烈な批判を引き起こしている。伊東藍田（一七三三—一八〇九）と佐久間太華（?—一七八三）は「湯武革命」に対して痛烈な攻撃を加えている。張崑将氏の指摘しているように[41]、これは「湯武革命」という理念と「天子は一姓、之を無窮に伝え、革命有ること莫し[42]」という日本固有の政治観と全く反りが合わず、衝突するものであったため、日本の儒者は「湯武革命」を全力で批判・排斥しようとしたのである。

本節で論じたことをまとめると、次のように言うことができるであろう。東アジアの思想交流活動において、政治性が強い概念は、通常、特殊性が強い概念であり、よって別の地域の人々には、そのままでは受け入れがたく、大幅に新たな意味を注入して、その土地の社会・政治的ムードに適応させなければならなかった。本節で取り上げた四つの概念について言えば、「道」の普遍性が最も高く、最も時空の制約を受けることがない。「道」は古代中国に起源を持つものであるが、すでにほとんど東アジア世界の普遍的な価値となっている。「仁政」は一つの政治理念として、統治者に対して道徳責任を課すものであり、東アジア各国の人々にも普遍的に受け入れられている。しかし、「仁政」の具体的内容と実際の施行方法に関しては、各国の特殊な社会的・政治的背景に応じて斟酌されることとなった。次に「中国」と「革命」という政治性の最も強い概念は、日本と朝鮮に伝わった後、強度の異なる反応や排斥を引き起こした。

さて、もし上述したような見解が成り立つならば、ついで次のような問題を議論する必要があるであろう。つまり、「自由」・「民主」・「人権」・「法治」・「自由貿易」等、近代ヨーロッパに起源を持つ特殊な時空条件で生じた価値理念は、どのようにして二〇世紀以降の世界の「普遍的価値」（universal value）となり得るのかという問題である。

この問題は、次の二つの視点から考えてみることができる。先ず、「自由」・「民主」といった概念は、それぞれ「内在価値」（intrinsic value）を持っており、洋の東西を問わず、人類が同じように受け入れられる普遍性を持った理念である。しかし、近代以前の中国文化に起源を持つ「道」・「仁」・「仁政」などといった概念も、普遍性が極めて高い価値理念であるのに、なぜ世界の普遍的価値となることができないのか。この疑問は、我々をこの問題を考える際の第二の視点――思想交流の外部要因へと導くことになる。一九世紀中葉以降、ヨーロッパ列強は、その強大な武力と資本主義システムを携えてアジア・アフリカ・中南米地域の弱小国を侵略し、ヨーロッパという特殊条件下に起源を持つ政治・経済・生活スタイル及び価値理念を非ヨーロッパ世界に広め、普遍的な価値としていった。それに対して、近代以前の中華帝国は、武力による征服に訴えることなく、また、工業生産を基礎とする資本主義システムを欠いていたため、歴史上の中華帝国の周辺国家に対する支配は、文化的要素が政治・経済的要素を上回っていた[43]。だから東アジア周辺国家は、思想交流の過程において、各国の政治的・社会的条件に応じて、中国に由来する諸多の概念に対して選別を行ったり、組み替えを施したり、新たな意義を付与したりすることができたのである。

四　結論

本章では、近代以前の東アジアにおける思想交流に見られる概念の類型及びその移動効果について検討を加えた。本章の結論として以下のような点を指摘できるであろう。

一、概念は、一旦形成あるいは提出されると、自らの生命を取得し、概念の発祥地や創作者が完全にコントロールできるようなものではなくなる。自主性を持った概念は、必然的に移動する能力を有しており、思想交流活動の中で、「時」とともに変化し、「時」とともに発展し、「地」によって制限を受けることとなる。ある概念が異域に伝わると、伝わった地域の文化的要素と作用し合い、その内容を更新し、新たな解釈を施され、新たな生命を繰り広げていくことになる。

二、東アジアの思想交流の経験から見ると、概念の移動は、必ず移入地の「媒介人物」（intermediate

agents）、すなわち儒家知識人・官員（燕行使など）や僧侶など各種文化交流に携わった人物による「主体的」な対応・選別・組み替え・新解釈を経て、はじめてその新たな生命の転化を完成するのである。もし、思想交流中の概念を光にたとえるならば、これら異域の「媒介人物」はプリズム（prism）とみなすことができる。彼らによって、外来の概念という光は、屈曲、分散、全反射させられるのである。もし、概念を波にたとえるならば、概念という波は、被伝播地の海岸線に到着すると、必ず「媒介人物」によって篩にかけられ、またその土地の水を注入された上で、新たな流れを形成することができるようになるのである。

三、東アジアの概念移動史という経験から見ると、概念移動史の研究は、概念発祥地の原始型態を最高にして唯一の「標準」モデルとすることはできず、また移入地で新たに発展した概念を、発祥地の概念モデルを基準として、それとどれだけ離れているかという仕方で評価することはできない。そうではなく、我々は、概念の各地での発展を各地の特殊条件あるいはコンテクストの中において理解し、各地の文化の主体的な成長過程と見なさなければならない。総じて、東アジア思想交流活動において、概念は時間的にも地理的にも移動し、その内容を新たにして、一定不変の標準形態となることはなかった。よって、思想交流における「中心」と「辺境」の境界も、時が移り、所が変われば変化していったのである。

［注記］本章の内容は、二〇一四年一一月七日・八日、台湾大学人文社会高等研究院・名古屋大学高等研究院共同主催による「東アジア思想交流史」国際学術シンポジウムで発表したものである。本書に収録するにあたり、

修正を加えている。

注

（1）ここでの「接触空間」という言葉は、メアリー・プラット（Mary Pratt）の定義に基づいている。Mary L. Pratt, *Imperial Eyes: Travel Writing and Transculturation* (London: Routledge, 2000, c1992), p. 6を参照。

（2）Edward W. Said, *The World, the Text, and the Critic* (Cambridge, Mass.: Harvard University Press, 1983), pp. 226-227. なお本書の日本語版には山形和美訳『世界・テキスト・批評家』（法政大学出版局、一九九五年）がある。

（3）この方面に関する研究には、朱雲影『中国文化対日韓越的影響』（黎明文化事業公司、一九八一年）や朱謙之『中国哲学対欧洲的影響』（河北人民出版社、一九九九年）などがある。

（4）郭璞注『山海経』（台湾商務印書館、一九六五年）、「序」、一頁上。

（5）釈慧能『六祖壇経』（善導寺仏経流通処、出版年不詳）、「般若品第二」、二五―二六頁。

（6）Gerald L. Bruns, *Hermeneutics: Ancient and Modern* (New Haven and London: Yale University Press, 1992),p. 76を参照。

（7）黄俊傑『東亜文化交流中的儒家経典与理念――互動・転化与融合』（台湾大学出版中心、二〇一〇年）、八六頁。

（8）石介「中国論」、石介著・陳植鍔点校『徂徠石先生文集』（中華書局、二〇〇九年）巻一〇、一一六頁。石介の「中国論」については、本書第六章も参照。

（9）山鹿素行『中朝事実』、広瀬豊編『山鹿素行全集――思想篇』（岩波書店、一九四二年）上冊、第一三巻、所収、二三四頁。

（10）浅見絅斎「中国弁」、吉川幸次郎等編『日本思想大系三一・山崎闇斎学派』（岩波書店、一九八〇年）、所収、四一六頁。絅斎の中国論述については本書の第六章も参照。

（11）日・中の儒学思想交流史に出現する「脈絡性の転換」については、以下の拙著を参照。Chun-chieh Huang, "On the Contextual Turn in the Tokugawa Japanese Interpretation of the Confucian Classics: Types and Problems,"

Dao: A Journal of Comparative Philosophy, Vol. 9, No. 2 (June, 2010), pp. 211-223, in Chun-chieh Huang, *East Asian Confucianisms: Texts in Contexts* (Göttingen and Taipei: V&R Unipress and National Taiwan University Press, 2015), chapter 2, pp. 41-56.

(12) 蕭公権『中国政治思想史』（聯経出版事業公司、一九八二年）、上冊、六二頁。

(13) 鄭介清「修道以仁説」、民族文化推進会編『韓国文集叢刊』（民族文化推進会、一九八九年）第四〇集、『愚得録・釈義』、巻二、所収、三六五頁b―三六五頁c。

(14) 尹舜挙「公最近仁説」、民族文化推進会編『韓国文集叢刊』第一〇〇集、『童土集・雑著』巻五、所収、五四頁a―五五頁c。

(15) 柳致明「読朱張両先生仁説」、民族文化推進会編『韓国文集叢刊』第二九七集、『定斎集・雑著』巻一九、所収、四〇四頁a―四〇五頁b。

(16) 徐聖耉「仁説図」、民族文化推進会編『韓国文集叢刊』第五三集、『訥軒集・雑著・学理図説（下）』巻五、所収、五四二頁c―五四三頁d。

(17) 李野淳「仁説前図」、民族文化推進会編『韓国文集叢刊』第一〇二集、『広瀬集・雑著』巻七、所収、五七一頁b。

(18) 李滉「答李叔献」、民族文化推進会編『韓国文集叢刊』第二九集、『退渓集・書』巻一四、所収、三七九頁c―三八三頁a。

(19) 伊藤仁斎「仁説」、『古学先生詩文集』、『近世儒家文集集成』（ぺりかん社、一九八五年）第一冊、巻三、所収、六〇―六一頁。

(20) 豊島豊洲「仁説」、関儀一郎編『日本儒林叢書』（鳳出版、一九七八年）第六冊、所収、一―八頁。

(21) 頼杏坪「仁説」、井上哲次郎・蟹江義丸編『日本倫理彙編――朱子学派の部（下）』（育成会、一九〇三年）、『原古編』巻三、所収、四四九―四五四頁。

(22) 浅見絅斎「記仁説」、『絅斎先生文集』、『近世儒家文集集成』（ぺりかん社、一九八七年）第二冊、巻六、所収、頁一二四―一二五。

(23) 大田錦城『仁説三書三巻』、『日本倫理彙編――折衷学派の部』、所収、四五二―四七二頁。

(24)『論語』顔淵篇に「樊遅仁を問う。子曰く『人を愛す』」とある。
(25) 黄俊傑「朱子「仁説」及其在徳川日本的回響」、鍾彩鈞編『東亜視域中的儒学――伝統的詮釈』(第四回国際漢学会議論文集)(中央研究院、二〇一三年)、四〇九―四二九頁。
(26) 山鹿素行『聖教要録』、『日本倫理彙編――古学派の部(上)』、所収、二〇頁。
(27) 伊藤仁斎『論語古義』、関儀一郎編『日本名家四書註釈全書・論語部一』(鳳出版、一九七三年)、所収、五三頁。
(28) 同右、五〇頁。
(29) 荻生徂徠『論語徴』、『日本名家四書註釈全書・論語部五』、所収、八三頁。
(30) 荻生徂徠『弁名』、『日本倫理彙編――古学派の部(下)』、所収、六五頁。
(31)「実効倫理学」と「心情倫理学」については、李明輝氏の次の定義を用いる。「実効倫理学は、一つの行為の道徳価値を決める判断基準は、その行為がもたらす、あるいはもたらすであろう結果にあると主張し、一方、心情倫理学は、我々が一つの行為の道徳的意義を見定める時に拠り所とする判断基準は、決してその行為がもたらす、あるいはもたらすであろう結果ではなく、行為主体の心のあり方にあると考える」(李明輝「孟子王霸之弁重探」、李明輝『孟子重探』、聯経出版事業公司、二〇〇一年、所収、四七頁)。
(32) この点については、以下の拙著を参照。黄俊傑「東亜儒家政治思想中的「仁政」論述及其理論問題」、『東亜儒家仁学史論』(台湾大学出版中心、二〇一七年)、所収。
(33) 蕭公権(一八九七―一九八一)氏は、「中国の政治思想は政術の範囲に属するものが多く、政理の範囲に属するものは少い」と指摘している。的確な見解だと思われる。蕭公権『中国政治思想史』(聯経出版事業公司、一九八二年)下冊、九四六頁。
(34) 浅見絅斎「中国弁」、四一八頁上。また本書の第六章を参照。
(35)『十三経注疏・周易正義』(北京大学出版社、一九九九年)、巻五、「革」、二三八頁。
(36) この点については、拙著『孟学思想史論・巻二』(中央研究院中国文哲研究所、一九九七年)、第四章、一二七―一九〇頁でも分析を加えている。
(37)『仁祖実録』、国史編纂委員会編『朝鮮王朝実録』(東国文化社、一九五五―一九六三年。以下に引用した歴

代王朝の『実録』は、いずれもこの版本による）第三五冊、一二〇―一二一頁。

（38）南孝温「命論」、民族文化推進会編『韓国文集叢刊』（民族文化推進会、一九八八年）第一六集、『秋江集』巻五、所収、一〇七頁a―一〇七頁d。

（39）金誠一「疏――請魯陵復位・六臣復爵・宗親敍用疏・辛未」、民族文化推進会『韓国文集叢刊』（民族文化推進会一九八九年）第四八集、『鶴峯集』巻二、所収、一八六頁c―一九四頁a。

（40）権得己「湯武革命論」、民族文化推進会『韓国文集叢刊』（民族文化推進会一九九一年）第七六集、『晩悔集』巻二、所収、〇一五頁b―〇一六頁c。

（41）張崑将「近世東亜儒者対忠孝倫常衝突之注釈比較」、潘朝陽主編『跨文化視域下的儒家倫常』上（師大出版中心、二〇一二年）、一七七―二一三頁。

（42）伊東藍田「藍田先生湯武論」、『日本儒林叢書』第四冊、所収、二頁。

（43）近年、イアン・モリス（Ian Morris）氏は、西洋諸国が歴史的に世界をリードしてきた要因を分析し、西洋の覇権が主に以下の四つの要素に依存していることを解明している。一つ目はエネルギー資源を開発する能力、二つ目は都市化の能力、三つ目は情報を処理する能力、四つ目は戦争を引き起こす能力。Ian Morris, *Why the West Rules: For Now* (New York: Farrar, Straus and Giroux, 2011) を参照。日本語版には、北川知子訳『人類五万年文明の興亡――なぜ西洋が世界を支配しているのか』上・下（筑摩書房、二〇一四年）がある。ニーアル・ファーガソン（Niall Ferguson）氏も、西洋が世界の覇権を獲得した主な要因は、制度やそれと関連する観念及び行為によって構成される新たな六つの複合物を備えているからだと指摘している。その六つとは、競争・科学・財産権・医学・消費社会・労働倫理である。ニーアル・ファガーソン著・仙名紀訳『文明――西洋が覇権をとれた六つの真因』（草勁書房、二〇一二年）を参照。モリスとファーガソンが指摘する西洋の覇権を支えているこうした要素は、確かに近代以前の中華帝国が備えていなかったか、あるいはあまり発達していなかった要素である。

第二章　東アジアという視点から見た中国の歴史思惟におけるキーワード

一　はじめに――東アジアの歴史思惟と史論の伝統

中国における歴史学の伝統は長く、ヨーロッパの歴史学と並立し、東と西とでともに輝きを放っているが、中でも最も東アジア的な文化と東アジア的な思惟の特質を発揮しているのは、悠久の歴史を持つ「史論」の伝統であろう。紀元前八四一年の太古から、中国には文字で記載された歴史記録が存在しており、歴史を記録するという営みは延々と数千年にわたって途絶えることなく続けられてきた。中国の伝統史家は、「事」（事実）を記録することを通して「理」（道理）を追求し、現象からその根本原理を探ろうと試みたのであり、まさに章学誠（一七三八―一八〇一）が指摘しているように、「事を述べて理を以てこれを照らし、理を言いて事を以てこれに範る」[1]ことを目指したのだ。中国の歴史叙述は、「理」と「事」を融和させ、「理」（価値）的世界を前提として、史実の中に潜んでいる意義（meaning in history）あるいは史実が表している意義（meaning of history）を深く考え、抽出しようとしたのである。饒宗頤（一九一七―）氏は、「史家の史事を論ずるを尚ぶは、能く徳に拠りて史を衡《はか》るを貴び、絶えて史に循いて以て徳を遷すべからず」と指摘しているが、[2] まさに数千年にわたり、中国の歴史家は、自己の良心に基づいて過去の出来事を分析し、「世の治乱興亡」という流れの中で「人物の賢奸」を選り分け、[3] 奸佞に対しては死後も誅伐を加え、また埋もれていた善徳を明るみにしてきたのであり、このような史家の筆によって、歴史上の人間の苦難は解きほぐされ、受難者の霊魂は慰撫され、現代の読者においても、邪悪な者は改心し、意気地なしは勇気付けられ、感化を受け、主体性を確立してきたのである。

中国の歴史家とは、「現在」と「未来」のために「過去」を振り返り、多種多様な歴史事実の「差異相」の中に、価値規範（norm）あるいは歴史原理（principle）という「共通相」を見出し、さらに「価値判断」（value judgment）と「事実判断」（factual judgment）とを融合させる者であり、ここに史論が成立する。[4] 中国史学の著作に見られる「史論」は、春秋時代（紀元前七二二―四八一）を起源として、中国史学の主流となるが、『左伝』は数々の重要な史実を叙述した後で、「君子曰く」という言葉で歴史上の人物の是非善悪、及び歴史事件の沿革得失を論評しており、太史公司馬遷は「一家の言」によって「古今の変」に通じており、史実を叙述した各篇の最後に「太史公曰く」というコメントを加えて、「史料」を「史学」へと展開させ、「過去」と「現在」とを融合一体化している。[5] 班固（三二―九二）による『漢書』各篇の論述の後の「賛」、范曄（三九八―四四五）による『三国志』の「評」、北宋の司馬光（一〇一九―一〇八六）による『資治通鑑』の「臣光曰く」という部分は、史実を秤にかけ、歴史上の人物の心術に批判を加えるものである。二〇世紀の偉大な歴史学者陳寅恪（一八九〇―一九六九）氏は、『唐代政治史述論稿』[6]の中で、「寅恪案」という形で論評を加えているが、これもまた中国史学の「史論」の伝統を継承したものである。

中国史学に見られる「史論」の伝統は、東アジア地域の多くの歴史書のモデルともなっている。例えば、高麗仁宗二三（一一四五）年に、高麗朝の検校大師、集賢殿大学士の金富軾（一〇七五―一一五二）は『三国史記』を著し、紀伝体によって朝鮮半島の新羅、高句麗、百済三国の史実を記載しており、この書は朝鮮で最初の歴史書である。[7]『三国史記』は「本紀」、「年表」、「志」、「列伝」といった部分に分かれているが、「本紀」と「列伝」の後に、必ず「論に曰く」として、史実に対する論評が加えられている。この論評から、金富軾が新羅を正統とする歴史観を有していたことを窺うことができ、またここには彼の事大主義や神話観・渤海観などが示されている。[8]他にも、日本統治時代（一八九五―一九四五）の台湾の歴史家、連横（雅堂、一八七八―一九三六）が一九一八年に完成した『台湾通史』[9]では、各巻の冒頭あるいは巻末部分に、必ず「連横曰く」の文字が見られ、ここで「民族」や「種姓」といった概念が展開されている。[10]『三国史記』の「論に曰く」や『台湾通史』の「連横曰く」という形で加えられた論評は、中国史学の「史論」の伝統が朝鮮史学や台湾史学によって継承されたものとみなすことができる。

しかしながら、『三国史記』や『台湾通史』の史論においては、史実や人物を評価する上で運用されている価値理念の多くが具体的な形で表現されていない。「史論」で展開されている価値理念について言えば、やはり中国の「史学」におけるものが最もはっきりしており、また多元的である。よって、本章では、中国の史論によく登場するキーワードを中心として、中国の歴史思惟の核心となる価値理念を探求してみたい。本章では、中国の歴史思惟に関するキーワードを（一）歴史研究の目的、（二）歴史発展の動力、（三）歴史運行の法則、（四）歴史上の「黄金古代」という四つのカテゴリーに分類し、その意義を分析していきたい。

二　歴史研究の目的――「通」と「経世」

歴史研究の最終目的について見てみると、中国の史学家が歴史的事件を評価する上で最もよく使用するキーワードが二つある。一つは「通」であり、もう一つは「経世」である。以下、順次この二つのキーワードについて検討してみたい。

（1）「通」：司馬遷以降、「通」は二〇〇〇年にわたり中国伝統史学における最も重要な概念となっている。司馬遷は「任少卿に報ずるの書」において、『史記』を執筆した目的を以下のように語っている。(11)

僕窃かに不遜、近くは自ら無能の辞に託し、天下放失せる旧聞を網羅し、之を行事に考え、其の成敗興廃の理を稽《かんが》う。凡そ一三〇篇、また以て天人の際を究め、古今の変に通じ、一家の言を成さんとす。

司馬遷のこの「通」史理念は、歴代の史家によって継承され、唐代の杜佑（七三五―八一二）の『通典』[12]（八〇一）、南宋の鄭樵（一一〇四―一一六二）の『通志』[13]（一一六一）や馬端臨（一二五四―一三二四／五）の『文献通考』[14]は、「通」の理念によって中国制度の因襲変革、損益を説明しようとしている。[15]唐代劉知幾（六六一―七二一）の『史通』、北宋司馬光（一〇一九―一〇八六）の『資治通鑑』から一八世紀の章学誠（一七三八―一八〇一）の『文史通義』に至るまで、皆「通」という歴史理念を堅持している。よって、時代を区切ることを「史」とみなした班固は、伝統中国の史家の間では、一貫して最高の地位を得ていない。馬端臨は、「遷（司馬遷）の固（班固）における、龍の豬におけるが如し」とまでこき下ろしている。[16]章学誠は、『春秋』を中国史学の根源とみなしたが、その目的は「古今の変を通じて、一家の言を成す[17]」という点にあった。よって、「通」こそが中国の史学における第一義であり、中国の史学思惟において最も重要な概念であると言えるだろう。

（2）「経世」：中国における史学研究のもう一つの目的は「経世」である。[18]中国史学家は勤しんで史料を収集し、史を著すわけだが、それは単に世界を解釈しようとしているだけでなく、それ以上に、世界を変えようと目指しているのである。世界を変える方法が、すなわち歴史著作の執筆を通して「善を善として評価し、悪を悪として批判し、賢者を敬い、不徳の者を蔑む」ということであり、こうした歴史の執筆と解釈によって世の中を良くするという目的を達成しようとしているのである。

司馬光は編年体というスタイルで『資治通鑑』を執筆し、一三六二年間にわたる歴史を叙述した。彼は「経世」という言葉こそ使ってはいないものの、「史学」の持っている教化訓育作用をとても重視していることは明らかである。司馬光は『資治通鑑』を執筆した目的を次のように語っている。[19]

臣の今述ぶる所は、止《た》だ国家の興衰を叙《の》べ、生民の休戚を著《あらわ》し、観る者をして自ら其の善悪得失を択んで、以て勧戒と為さんことを欲するのみ。『春秋』の褒貶の法を立て、乱世を撥《おさ》めて諸《これ》を正しきに反《かえ》さんとするが如きに非ざるなり。

司馬光はまた、神宗皇帝に奉った「進書表」の中でも、「(『資治通鑑』は) 専ら国家の盛衰に関わり、生民の休戚に繫《かか》り、善の法と為すべく、悪の戒と為すべきものを取り、編年の一書を為すのみ」と指摘している。[20] 一八世紀の章学誠の「史学の世を経《おさ》める所以は、固より空言の著述に非ざるなり[21]」という一語は、中国の伝統的歴史著述の根本精神であるとみなすことができ、また、中国における歴史研究の目的に関わる二つ目のキーワードでもある。

三　歴史発展の動力――「勢」、「理」、「礼」

中国の歴史思惟の中で、歴史発展の動力に関わるキーワードは、主に次の三つの概念、「勢」・「理」・「礼」に集中している。以下、この三つの概念について検討してみよう。

(1)「勢」：中国の史学家は、歴史を動かす力(所謂"driving force" of history)の中で最も重要なのは「勢」

であると考えている。中国の古代思想史において、「勢」という概念は「時勢」と「形勢」との二つに分けることができ、前者は時間を、後者は空間を指すものである。

司馬遷が、『史記』の中でよく用いているのが「形勢」という言葉である。例えば、『史記』の「漢興以来諸侯王年表」に「侯伯の彊国興るも、天子微にして、正すこと能わず。徳の不純なるに非ざるなり。形勢弱ければなり[22]」とあり、また「孫子呉起列伝」には、「呉起、武侯に説くに形勢は徳にしかざるを以ってす。然れども之を楚に行うには、刻暴少恩を以ってして、其の軀を亡ぼす[23]」とある。司馬遷の考える歴史の駆動因としての「形勢」は、経済状況や地理条件といったような歴史に内在している、個人以外の構造的要素を指しており、現代イギリス史の大家ピーター・バーク（Peter Burke、一九三七―）の指摘する、ヨーロッパの歴史思惟の中で比較的重視されている「集合的作用」（collective agency）に類似したものだと思われる[24]。

「形勢」という言葉以外に、中国の史書がよく使うのが「時勢」である。中国文化においては、時間意識が極めて豊富であり、『易経』の作者は、「時間」の流れというものがいかに畏敬すべきものであるかを悟り、「時義、大いなるかな[25]」と感慨深く指摘している。孔子は過去の歴史を振り返り、特に歴史の因（因襲）、革（変革）、損、益を重視し、『春秋』が魯の国の歴史事件を記す原則は、「事を以て日に繫け、日を以て月に繫け、月を以て時に繫け、時を以て年に繫くる[26]」というものであり、時間意識というものが明確に現れている。『穀梁伝』には、「道の貴き者は時なり。其の勢を行えばなり」とある[27]。東漢の儒者荀悦（一四八―二〇九）は、国家を治める事について、「策を立て勝を決するの術、其の要に三有り。一に曰く、形。二に曰く、勢。三に曰く、情。〔……〕勢とは、其の時に臨むの宜しきを言うなり。進退の機なり[28]」と考え、また、次のように指摘している[29]。

夫れ赦なる者は、時の宜を権る。常典に非ざるなり。漢の興るや、秦の兵革の後を承く。大愚の世、比屋して刑すべし。故に三章の法を設け、大いに之を赦し、穢流を蕩滌し、民とともに更始す。時勢の然るなり。後世、業を承け、襲いて革めざるは、時宜を失うなり。

荀悦は、「時勢」の変遷という視点から歴史の因・革・損・益を解釈している。畢沅（一七三〇―一七九七）も、『続資治通鑑』中で、「時勢」によって歴史の変遷と世の中の治乱盛衰を解釈している[30]。「時勢」は、歴史の変遷と密接に関わっているだけではない。古代の中国人は、統治者の変法を強調する場合にも必ず「時勢」に合わせなければならなかった。例えば『呂氏春秋』に次のようにある[31]。

凡そ先王の法は、時に要有るなり。〔……〕凡そ事を挙ぐるには必ず法に循いて以て動き、法を変ずる者は、時に因りて化す〔……〕時に因りて法を変ずる者は、賢主なり。是の故に、天下に七十一聖有るも、其の法皆同じからず。務めて相反背《そむか》んとするに非ざるなり。時勢の異なればなり。

ここで『呂氏春秋』が強調しているのは、君主の国家統治と「時勢」との間には、密接な関係があるということである。

しかしながら、中国の思想家と史学家は歴史の「形勢」と「時勢」を論じる際、客観的な「集合的要素」を重視するだけでなく、それ以上に歴史の趨勢の中に生きる人間の自発性を重視している。朱子（一一三〇―一二〇〇）は、古今の変を論じて、「人力の為すべき者に非ず[32]」とみなしているが、「唯だ聖人のみ能く其の理の在る所を察して、因りて之を革む[33]」とも言っており、朱子は、決して「人」を押しとどめることのできない歴史の潮流にコントロールされるだけの「客体」だとは見なしていない[34]。朱子より二〇年遅く世に生まれた葉適（一一五〇―一二二三）は、歴史上の統治者について議論し、次のように指摘している[35]。

古の人君、堯、舜、禹、湯、文、武、漢の高祖、光武、唐の太宗の如き、此れ其の人、一身を以て天下の勢と為る。其の功徳に厚薄有り、治効に深浅有りと雖も、要するに以為《おも》えらく、天下の勢は己に在りて物に在らずと。

葉適も他の中国の思想家と同様、「人」は歴史の中の「勢」を制御する能力を持っているのだと認めている[36]。

(2)「理」：中国の歴史思惟の中で、歴史を動かし、展開させている動因としてよく取り上げられる二つ目の概念が「理」である。「理」が中国の歴史思惟のキーワードとして重視されるようになったのは、一一世紀に理学が興り、中国の歴史思惟に影響を与えてからの現象である。北宋の程頤（一〇三三―一一〇七[37]）や張載（一〇二七―一〇七七[38]）は、「天理」という概念で堯舜の事蹟を解釈している。

朱子の歴史に対する理解は、完全に「理」（あるいは「道」）を歴史発展の動力とみなすものであった。朱子は、三代は「天理」が流行していたが、秦漢以降は「人欲」に満ち溢れるようになったとし、彼の「崇古歴史観」は「理」という概念で貫かれている。朱子の歴史解釈に見られる「理」は、自然の規律であると同時に人事の規範でもあり、また、歴史の「ザイン（本質）」であると同時に歴史の「ゾレン（当為）」でもある。[39]朱子は、このような歴史発展の動力としての「理」を「自然の理勢」とも称している。[40]

（3）「礼」：「礼」を歴史発展の動力とみなす中国の史学家の代表は、司馬光である。司馬光の『資治通鑑』には、紀元前四〇三年から九五九年までの計一三六二年の中国の歴史が叙述されているが、彼が歴史を動かしている動因として最も重視したのが「礼」である。礼の起源は、古代社会の祭祀における儀式と関わるものであったが、後にそれが人間関係を律する規範へと発展していった。春秋時代（紀元前七二二—四八一）の人は、すでに「礼」を「身の幹（根幹）[41]」あるいは「国の幹[42]」とみなしており、「礼は、国家を経《おさ》め、社稷を定め、民人を序し、後嗣を利する者なり[43]」という理解が、春秋時代の共通認識であった。司馬光の『資治通鑑』が叙述している第一の歴史事件は、紀元前四〇三年の「三家、晋を分かつ」という出来事であるが、司馬光はこの事件を叙述した後で、「臣光曰く」として批評を加え、「天子の職は礼より大なるは莫く、礼は分より大なるは莫く、分は名よりも大なるは莫し[44]」というかの有名な「名分論」を強調している。司馬光の歴史解釈においては、「礼」が最も重要なキーワードであり、「礼」こそが歴史の正常な展開を導いているのである。

四　歴史運行の法則――「道」と「心」

中国の歴史思惟において、歴史の運行を司る法則に関しては、「道」と「心」この二つの概念が最も重要なものだと見なされている。

（1）「道」：春秋時代以降、「道」が天下に行われているかどうかということが、聖賢が自己の出処進退を決める基準であった。孔子は、「道行われず、桴《いかだ》に乗りて海に浮ばん」（『論語』公冶長篇）と言い、君子の出処進退は、「天下に道有れば則ち見《あらわ》れ、道無ければ則ち隠る」（『論語』泰伯篇）という態度を原則としている。孔子は、もし歴史の中に「道」が行われているならば、「礼楽征伐は天子より出で」（『論語』季氏篇）、もし「道」が行われていないならば、「礼楽征伐は諸侯より出づ」（『論語』季氏篇）と考えている。章学誠は、「史の大原は『春秋』に本づく。『春秋』の義は、筆削に昭らかなり。筆削の義は、〔……〕固より将に天人を綱紀し、大道を推明せんとす[45]」と指摘している。歴史の執筆というのは、歴史の中に存在している「道」の有効性を裏付けるために行われるのである。司馬遷は「伯夷列伝」を著し、伯夷・叔斉の不遇な境涯を深く悼み、歴史には本当に「天道」が存在しているのかとの懐疑を表明している[46]。

朱子の歴史解釈においては、「道」こそが歴史運行の法則に他ならなかった。朱子は、「陳同甫に答う（八）」において、歴史において「人は只だ是れ這箇の人、道は只だ是れ這箇の道、豈に三代、漢、唐の別有らんや[47]」と指摘し、歴史運行の法則としての「道」は、「古に亙《わた》り今に亙り、只だ是れ一体、之に順う者は成り、之に逆う者は敗る[48]」と考えている。朱子は、さらにもし統治者の「無道が極まれば、歴史は、「混沌一番、人物都《すべ》て尽き、又重《ふたた》び新たに起こる[49]」とまで述べている。朱子の歴史解釈には、「崇古的歴史観」ともいうべきものが露呈しており、彼は「堯、舜、三王、周公、孔子の伝うる所の道は、未だ嘗て一日として天地の間に行うを得ず[50]」と考えている

（2）「心」：中国の歴史思惟においては、統治者の「心」も、歴史運行の法則と関わっている。儒家思想の伝統の中に生きている中国の史学家は、歴史が正常に運行するかどうかは、統治者の「心」のあり方如何にかかっていると深く信じている。孟子は、「君心の非を格《ただ》す」（『孟子』離婁上）ことこそが要務だと主張している。

朱子は、歴史が興亡する原因は、統治者の心術の正邪にあると考え、「天下の事、其の本は一人に在り。而して一人の身、其の主は一心に在り。故に人主の心一たび正しければ、則ち天下の事、正しからざること有ること無し[51]」と主張している。明末清初の王夫之（一六一九―一六九二）も、古今の治乱興亡を振り返り、歴史運行の法則は、「治の資《と》る所の者は、一心のみ。心を以て政を馭せば、則ち凡政皆以て民に宜しかるべく、治の資《たすけ》に匪《あら》ざる莫《な》し。〔……〕故に治の資る所は、惟だ一心に在りて、史は特《た》だ其の鑑なり[52]」と指摘している。中国の歴史思惟において、「歴史」は人「心」（特に統治者の「心」）の正邪の具体化あるいはそれが展開する過程となっているのである。

五　歴史上の「黄金の古代」としての「三代」

中国の伝統的歴史思惟には、「古代」を理想視し、そこに回帰しようとする傾向が見られる。このことは、「三代」というキーワードが、中国の歴史論述の中に頻繁に出現することからも確認することができる。孔子は、「堯舜を祖述し、文武を憲章す」（『中庸』第三〇章）と語り、夏・商・周の「三代」を中国の黄金時代と見なした。孔子は常に「三代」を美化し、後の春秋時代と対比させている。孟子は歴史を振り返り、歴史法則というものを三代の興亡を基準にして次のように導き出している。「三代の天下を得るや仁を以てし、其の天下を失うや不仁を以てす。〔……〕国の廃興存亡する所以の者もまた然るのみ」（『孟子』離婁上）。孔孟の歴史思惟における「三代」の論述は、常に「道」の存滅と合わせて語られていることが分かる[53]。

この「黄金時代」としての「三代」は、儒家および中国史学家の歴史論述においては、常に現実世界と対照的な理想郷として登場しており、「反事実性」（counter-factuality）という特徴を帯びている。この点に関しては、新刊の拙著の中で詳しく分析を加えているので[54]、ここでは贅言を避けたい。

六　結論

本章では、中国の歴史叙述と歴史解釈にたびたび登場する幾つかの重要概念について分析を加えた。本章の分析によれば、中国の歴史家が歴史研究の目的について語る際に、最もよく登場するキーワードが「通」と「経世」であった。司馬遷以降、「古今の変に通」じることが、中国の歴史家の歴史研究の目標として一貫して掲げられている。よって、『通志』、『通典』、『文献通考』などは、制度史の叙述を通して「通」の理念を実現しようとしており、『資治通鑑』は、編年体によって史実を叙述することで、統治者が治世の教戒として役立つようにと考えている。中国の歴史家が「古今の変に通」じることを特に重視するのは、「経世」を歴史研究の目的としているからであった。中国の歴史家は単に世界を解釈するだけでなく、それ以上に世界を変革しようと志していたのである。

次に歴史発展の動力に関しては、中国の歴史家は「勢」、「理」及び「礼」という三つの概念に注目している。中国の歴史家は、もちろん「勢」や「理」といった集合的な要素や構造的な力を重視しているわけだが、彼らはこのような歴史に内在している「勢」や「理」といったものを機械決定論（mechanical determinism）的な意味での必然法則だと見なしているわけではなく、同時にまた歴史が展開していく中での個人の自主性をも強調し、「人」は歴史の流れの中で「自由意志」（free will）を有する行動主体であり、志を立てて、「勢」をコントロールし、歴史を「善」なる方向へと導いていかなければならないと主張している。

さらにまた、歴史の運行の法則を説明する際に、中国の歴史家が最も好んで使用する概念が「道」と「心」であった。彼らは儒学的な価値の世界に生きており、「道」の有無が治乱をもたらす指標だと深く信じており、その際、鍵となるのが、歴史上の核心人物である統治者の「心」の在り方であった。このような観点から、中国の歴史思惟に、健全な楽観主義と「人」を根本とする人文精神が満ち溢れていることを確認できる。

最後に、「三代」は、中国の歴史家が憧憬の念を抱く「黄金の古代」であった。中国の歴史家は、よく理想化された「三代」を取り上げて現実の政治を批判し、現実世界の「ザイン」を道徳的な「ゾレン」へと変化させようとした。中国歴史学の伝統における人文精神は、世界を変革しようとすることのような信念の中に、余すところなく表れているのである。

本章では、中国の歴史思惟の中に見られる重要概念を取り上げ、分析を加えたが、中国の歴史家が歴史書を著す目的・歴史を動かしている力・歴史運行の法則に対する見方、あるいは彼らの「黄金の古代」に対する憧憬などから、彼らが歴史における「人」の自発的な役割を極めて重視していることが確認できたであろう。彼らは、「人」は客観構造によって規制される客体ではなく、自ら志を立て、変転する歴史の波に押し流されない存在となることができると信じていた。よって、中国の歴史家の観点から言えば、歴史を読む目的は、歴史事実に関する知識を累積して、知的好奇心を満たすためではなく、歴史書を読むという行為を通じて古代の聖賢など偉大な人物の人格に触れ、その感化を受け、自ら発奮して淑世、経世、救世の事業に勤しむためであったのである。

〔注記〕本章の内容は、もと二〇一五年一一月一二日・一三日に台湾大学人文社会高等研究院で開催された“International Conference on Basic Terms of Reflecting History”国際学術シンポジウムで発表したものである。本書に収録するにあたり、加筆修正を行っている。

注

(1) 章学誠『文史通義校注』（中華書局、一九九四年）、「原道下」、一三九頁。
(2) 饒宗頤『中国史学上之正統論』（龍門書店、一九七六年）、五七頁。
(3) 銭穆『史学導言』、『銭兵四先生全集』（聯経出版事業公司、一九九八年）、第三二冊、所収、六八頁。
(4) 黄俊傑「中国歴史写作中史論的作用及其理論問題」、『儒家思想与中国歴史思惟』（台湾大学出版中心、二〇一四年）、所収、五五—八六頁。
(5) 徐復観『両漢思想史』（台湾学生書局、一九七九年）、三二一—三三七頁。
(6) 陳寅恪『唐代政治史述論稿』（商務印書館、一九四七年）。
(7) 金富軾『三国史記』（学習院東洋文化研究所、一九六四年）。
(8) 苗威「関於金富軾歴史観的探討」、『社会科学戦線』、二〇一二年第三期、一〇一—一〇八頁を参照。
(9) 連横『台湾通史』（華東師範大学出版社、二〇〇六年）。
(10) 陳昭瑛「連横的『台湾通史』与清代公羊思想」及び「連横『台湾通史』中的「民族」概念——旧学与新義」、『台湾与伝統文化』（台湾大学出版中心、二〇〇五年）、一〇四—一二四頁及び一二五—一四四頁を参照。
(11) 司馬遷「報任安書」、『漢書』（中華書局、一九九七年）、巻六二、所収、二七三五頁。
(12) 杜佑『通典』（中華書局、一九八八年）。
(13) 鄭樵『通志』（中華書局、一九八七年）。
(14) 馬端臨『文献通考』（中華書局、一九八六年）。
(15) Hok-lam Chan, "'Comprehensiveness' (Tung) and 'Change' (Pien) in Ma Tuan-lin's Historical Thought," in Hok-lam Chan and Wm. Theodore de Bary eds., *Yüan Thought: Chinese Thought and Religion Under the Mongols* (New York: Columbia University Press, 1982), pp. 27-88 を参照。
(16) 馬端臨「経籍考」、『文献通考』（中華書局、一九八六年）下冊、巻一九一、所収。一六二二頁。
(17) 章学誠「答客問上」、『文史通義校注』巻五、所収。四七〇頁。
(18) 「経世」（世を治めること）は、中国思想において核心的価値を持つ重要事項の一つである。「経世」思想に関する議論については、Robert Hymes and Conrad Schirokauer eds., *Ordering the World: Approaches to State and Society in Sung Dynasty China* (Berkeley, Calif.: University of California Press, 1993) を参照。

(19) 司馬光『新校資治通鑑注』（世界書局、一九七六年）、巻六九、二一八七頁。

(20) 同右、九六〇七頁。

(21) 章学誠「浙東学術」、『文史通義校注』巻五、所収。五二四頁。

(22) 司馬遷『史記』（中華書局、一九九七年）巻一七、八〇一頁。

(23) 同右、巻六五、二一六九頁。

(24) Peter Burke, "Western Historical Thinking in a Global Perspective: 10 Theses," in Jörn Rüsen ed., *Western Historical Thinking: An Intercultural Debate* (New York, Oxford: Berghahn Books, 2002), pp. 15-30.

(25) 『十三経注疏・周易正義』（北京大学出版社、一九九九年）巻二、「豫」、九九頁、巻四、「遯」、一七一頁、巻五、「姤」、二一六頁、巻六、「旅」、二六八頁。

(26) 杜預「春秋左氏伝序」、『十三経注疏・春秋左伝正義』（北京大学出版社、一九九九年）巻一、所収。三頁。

(27) 『十三経注疏・春秋穀梁伝注疏』（北京大学出版社、一九九九年）巻九、「僖公二十二年」、一四二頁。

(28) 『漢紀』、『両漢紀』（上）（中華書局、二〇〇二年）巻二、所収、「高祖三年」、二六頁。

(29) 『漢紀』巻二二、「孝元帝永光二年」、三八八―三八九頁。

(30) 『続資治通鑑』（中華書局、一九五七年）巻一八、「宋紀・宋太宗至道元年」、四二七頁、巻二一一、「元紀・順帝至正十三年」、五七六二頁。また、黄俊傑『儒家思想与中国歴史思惟』第一章、三一―五四頁を参照。

(31) 呂不韋『呂氏春秋』（上海古籍出版社、二〇〇二年）巻一五、「八覧・慎大覧・察今」、九三四―九三六頁を参照。引用文は九三五―九三六頁。

(32) 朱熹「古史余論」、『朱子文集』（徳富文教基金会、二〇〇〇年）、第七冊、巻七二、三六三九頁。

(33) 同右。

(34) 朱子の「勢」理解については、三浦国雄「気数と気勢――朱熹の歴史意識」、『東洋史研究』第四二巻・第四号（一九八四年三月）、二九―五二頁を参照。

(35) 葉適「治勢」、『水心先生文集』（台湾商務印書館、一九六七年）巻四、五三頁。

(36) Chun-chieh Huang, "Some Notes on Chinese Historical Thinking," in Huang Chun-chieh and Jörn Rüsen eds., *Chinese Historical Thinking: An Intercultural Discussion* (Göttingen and Taipei: V&R Unipress and National Taiwan University Press, 2015), pp. 195-202 を参照。

(37) 「河南程氏遺書」、『二程集』（中華書局、一九八一年）、巻六、三―七頁。

(38) 張載「経学理窟」、『張載集』（中華書局、一九七八年）、二五六頁。

(39) 黄俊傑「儒家歴史解釈的理論基礎――朱子対中国歴史的解釈」（『儒家思想与中国歴史思惟』、第六章）、一八四頁を参照。

(40) 『朱子語類』、『朱子全書』第一八冊（上海古籍出版社、合肥・安徽教育出版社、二〇〇二年）、巻一三九、四二九六頁。

(41) 『十三経注疏・春秋左伝正義』（北京大学出版社、一九九九年）、巻二七、「成公・経一三年」、七五三頁。

(42) 同右、巻一三、「僖公・伝一一年」、三六五頁。

(43) 同右、巻一四、「隠公・伝一一年」、一二六頁。

(44) 司馬光『新校資治通鑑注』巻一、「周紀一・威烈王二三年」、二―三頁。

(45) 章学誠「答客問上」、『文史通義校注』巻五、四七〇頁。

(46) 司馬遷『史記』巻六一、「伯夷列伝」二二一四―二二一五頁。

(47) 朱熹「答陳同甫八」、『朱子文集』、第四冊、巻三六、一四六四頁。

(48) 朱熹「答陳同甫九」、『朱子文集』、第四冊、巻三六、一四六六頁。

(49) 『朱子語類』、『朱子全書』第一四冊、巻一、所収、一二一頁。

(50) 朱熹「答陳同甫六」、『朱子文集』、第四冊、巻三六、一四五八頁。

(51) 朱熹「己酉擬上封事」、『朱子文集』、第二冊、巻一二、三九四頁。

(52) 筆者はかつて古代儒家の「三代」に対する論述について分析したことがある。Chun-chieh Huang, "Historical Thinking in Classical Confucianism: Historical Argumentation from the Three Dynasties," in Chun-chieh Huang and Erik

Zürcher eds., *Time and Space in Chinese Culture* (Leiden: E. J. Brill, 1995), pp. 72-88 を参照。

（53）　黄俊傑『儒家思想与中国歴史思惟』、一一五―一二〇頁を参照。

第三章　中・朝の歴史における儒教知識と政治権力の関係

一　はじめに

一九世紀の末にヨーロッパ列強が到来するまで、東アジア世界の歴史（特に中国と朝鮮の歴史）は、基本的に安定した構造を保っており、天地を覆すような大きな変動は稀であった。中華文明においては、ユダヤ・キリスト教文明に見られる「創世神話」のようなものは支配的ではなく[1]、したがって「聖」と「凡」の二つの世界の対立といった緊張性には欠けていた。李沢厚（一九三〇―）氏が指摘しているように、中国文化は「一つの世界」の文化なのである[2]。歴史上の中華帝国は、経済ネットワーク、政治エリート、そして文字システムという三つの要素によって共通の帰属感を構築していた[3]。近代以前の中国には、マイルストーン的な革命はあまり見られず、この事実は、中国の歴史が融和的で協調的な性格なものであったことを示している[4]。中国の歴史に見られる変遷の多くは、適応性や局部的なものであり、全面的な変化というものはあまり見られない[5]。以上指摘した近代以前の中国の歴史の特質は、中国文化の影響を濃厚に受けている朝鮮時代（一三九二―一九一〇）の朝鮮の歴史にも見られるものである。

近代以前の中国及び朝鮮の歴史に見られる「超安定構造」の形成は、儒教思想と深く関係している。儒教経典中の知識システムと皇帝権力を中心とする政治権力システムは、相互に密接に関わりあっている。近代以前の中・朝両国の歴史においては、「儒教知識」と「政治権力」とは、互いに切り離せない関係にありながら、同時にまた対立・緊張するという関係にもあり[6]、両者の相互作用は、東アジア文化の特色を濃厚に反映している。

本章では、中国史と朝鮮史に見られる儒教経典（特に『論語』と『孟子』）とそれに対して中・朝の君臣が加えた解釈を中心として取り上げ、「知識」と「権力」両者の不可分割性と緊張性とについて考察してみたい。

二　儒教知識と政治権力の不可分割性

中国と朝鮮の歴史においては、儒教知識と政治権力との間に「不可分割性」が存在した。「不可分割性」とは、特に次の二つの意味を指して言う。（一）両者は相互依存の関係にある。儒教知識システムは帝国権力に依存し、帝国権力を支持することで初めて拡大していくことが可能となるが、一方、帝国の安定も、儒教イデオロギーの裏付け、支持に依存している。（二）両者は互いに浸透し合う関係にある。儒教知識システムは、帝国の政治システムの中に浸透し、帝国イデオロギーの基盤となっており、帝国の権力システムも儒家知識の内容に浸透し、あるいはそれを変容させている。

1　相互依存性

我々は、先ず中国の実際の歴史を見てみよう。漢帝国の創建者劉邦は、即位してすぐに帝国をどのようにしたら安定的に維持していくことができるのかという問題に直面した。劉邦は、政権の争奪に奔走している時には、このような問題を注視してはいなかった。だから「迺公《おれ》は馬上に居りて之れを得。安んぞ『詩』『書』を事とせん[7]」と言って陸賈（紀元前二四〇―一七〇）を謗ったわけである。しかし、劉邦は即位して間もなく、政治権力にはイデオロギーの支持が不可欠であるということを実感し、儒学に対する態度を一変させることとなる。漢の武帝は、このような儒学尊崇という基礎を受け継ぎ、さらに儒学以外の諸思想を退け、儒学のみを重視した[8]。儒学独尊は、中国において、すぐさま学術と政治との間の距離を縮めるという効果を発揮し、儒学の経典、例えば『尚書』や『春秋』などは政治上に大きな影響を及ぼした[9]。『孝経』は、漢代の初期から統治階級に深い影響を与えており、恵帝以後の大漢帝国の皇帝は、皆「孝」を諡号として用いている[10]。儒教の核心的価値である「孝」は、大漢帝国皇帝のシンボルとなった。大漢帝国の政権の支持の下で、儒学は次第に学術世界の中心となっていった。漢の武帝以後、中国の歴代の統治者は、いずれも儒教文化の守護者だと自任しており、ここに儒学は、広く普及していく機会を得ることになった。一方、中華帝国における学術思想の主流となった儒学は、科挙という制度を通して、途切れることなく帝国に儒臣官僚を提供し続け、帝国を支えるイデオロギーを強化する役割を果たしていった。

朝鮮半島の状況を見てみると、一四世紀以降の朝鮮の社会・政治と思想には儒教的価値が深く浸透しており、また儒学の方の転化も見られる。高麗時代になると、元朝の首都において科挙に合格した朝鮮人の数が大幅に増加しており、朝鮮儒学がかなり発達していたことがわかる。中国で科挙に合格した朝鮮の知識人は、学問の成就という点で評価され、その家族が輝かしい名声を手に入れただけでなく、朝鮮社会の儒家エリート主義を強化させていった。朝鮮時代になると、社会の上層階級「両班」は、儒学の推進者であると同時に中央政治権力の掌握者でもあり、地方においても大きな影響力を振るった。儒学は、朝鮮時代においてはほとんど「準宗教」とも言える国家信仰になっていた。[11] 朝鮮時代の儒者は、『五経』は先王の聖典であり、経世の根本理念は皆経典の中に存在しており、儒教経典を研究することによってのみ政治的革新は実現できるのだと深く信じていた。『四書』(特に『大学』)は新儒教思想の精義が表現されていると見なされ、上は君王から下は臣下に至るまで、必ず熟読すべき書物だと位置付けられた。また、宋儒の形而上学や修身・礼法の学も朝鮮の学者に重視され、朱熹(一一三〇—一二〇〇)の『近思録』と『四書集注』も朝鮮儒者の必読の経典となった。[12]『朝鮮王朝実録』を紐解くと、朝鮮の宮廷において国王と儒臣が『論語』や『孟子』の経文の意味を議論し、さらには経書から読み取った政治的訓戒をめぐって議論している記録を随所に目にすることができる。

2 相互浸透性

中国の歴史上、儒教知識と政治権力とが密接に作用し合っている例はいくらでも挙げることができる。漢の武帝が儒学を重視して以後、『春秋』や『尚書』といった経典は漢帝国の司法事務の上で指導的役割を発揮した。前漢時代において、『論語』という経典は政治の上層部にも大きな影響を与えた。前漢の成帝の時代に六年間宰相を務めた張禹（？―紀元前五）は、退任後も皇帝の諮問相手として影響力を持っていた。永治（紀元前一六―一三）・元延（紀元前一二―九）年間、日蝕や地震が頻発し、人民の多くが上書して、災異の原因は王莽（紀元前四五―後二三）の専制によるものだと弾劾した。そこで皇帝自ら張禹を訪ね、天変と人民の王莽に対する批評とについて諮問したところ、張禹は、『論語』の「子罕に命を言う」、「子は怪力乱神を語らず」、「夫子の性と天道とを言うは、得て聞くべからざるなり」の三箇所の文句を引用し、間接的に王莽を弁護し、王氏の子弟の好感を得、自分の家族が禍いに巻き込まれることを免れた[13]。この歴史事実の中では、『論語』が政治の現場と政治の脈絡において引用・論述されており、中国の歴史において、儒家の知識システムと政治権力とが互いに浸透し合っていることを具体的に物語っている[14]。

朝鮮時代の朝鮮においても、君臣間で度々『論語』を討議し、常に『論語』を現実の政治と照らし合わせ、儒家の知識と権力の運用とを互いに浸透させ合っていた。朝鮮時代の宮廷においては、君臣ともに『論語』の内容を、彼らが身を置く具体的な政治状況の中において理解し、『論語』から現代的・政治的な意味を掘り起こしていた。このような『論語』の政治的読解は、一四世紀から一九世紀にかけての歴代『朝鮮王朝実録』の中に何度も出現している。例えば、定宗元（一三九九）年一月七日、定宗と趙璞（一三五六―一四〇八）とが『論語』の先進篇について議論した[15]。そこで趙璞は『論語』から「此れ人君の土木を罷《や》め、民の役を労わらんことを欲するなり」という現代政治的な新たな意味を掘り起こし、『論語』を現代と関連づけることに成功している。『論語』の原典の閔子騫の話は、魯国が宮殿を建設することに対して発したものであり、よって一四世紀の趙璞が朝鮮の定宗に説いたこの一章の解読は、国君が民を苦しめ財を浪費する建設をやめるよう要求するものであり、『論語』原典の意味に符合すると同時に当時の朝鮮の政治状況にも対応しており、『論語』原文の脈絡に沿いながら、『論語』の内容と当時の朝鮮の政務とを連結させる巧みな解釈であった。

朝鮮時代の儒教知識と政治構造との相互浸透性は、『論語』などの儒教経典を、現実の政治において君臣らが引用して自己の政治的立場を支える典籍へと変貌させた。

例えば、太祖二（一三九三）年、諫官が、使節として中国へ行った政堂文学の李恬（?—一四〇三）の過失を弾劾する時、孔子の「四方に使いして君命を辱めず」（『論語』子路篇）という一語を引用した。[16] 太宗一三（一四一三）年六月、太宗が前万戸朴礎（一三六七—一四五四）を日本への通信使に任命しようとしたところ、司諫院の左司諫大夫玄孟仁（生没年不詳）等は上疏して、孔子の「己を行いて恥有れば、四方に使いして、君命を辱めず。士と謂うべし」という一句を引用し、朴礎を「草茅の士を以て、幸いに科第を忝くし、厚く聖恩を蒙り、繕工監丞となるも、官鉄を盗用し、肆に貪汚を行う。是れ廉恥無きの小人なり[17]」と批判した。それに対して、太宗は孔子の「何ぞ必しも旧悪を念わん[18]」という一語を引いて朴礎を弁護し、朴礎を予定通り通信使に任命した。このように朝鮮の君臣は、政治的なコンテクストの中で『論語』を解読し、『論語』から現代の政治に見合った意味を引き出し、儒教知識と政治権力とを融合させたのである。

三　儒教知識と政治権力の拮抗

「拮抗」とは、「知識」と「権力」の相互作用の中で生じる衝突を指して言う。例えば、明代の儒臣李応楨（一四三二―一四九三）が文華殿にいた時、皇帝は彼に写経するように命じたが、彼はその命に従わず、皇帝に対して「臣聞く、天下国家を為《おさ》むるに九経あり。未だ仏経有るを聞かざるなり」と上書した[19]。皇帝は激怒し、彼を宮廷で鞭打ちの刑に処した。なお、李応楨が引用したのは『中庸』第二〇章の言葉であり、この事件は、まさに儒教知識と政治権力との衝突を示すものである。さらに踏み込んで分析すると、「知識」と「権力」の間には、以下の二つのタイプの拮抗が常に生じている。

(1)第一のタイプの拮抗とは、歴代中国の帝王と儒家官僚、この二種類の人物の「自我」は往々にして二つに引き裂かれており、それらが互いに緊張関係にあったということを指している。我々は、先ず帝国の統治者に内在している二つの「自我」の拮抗について見てみよう。歴代の皇帝はいずれも二つの役割を果たしていた。すなわち、彼らは政権の所有者であると同時に儒教価値の崇拝者でもあり、この二つの役割の間に緊張が生じることになるわけである。例えば、前漢の宰相汲黯（？―紀元前一一二）は漢の武帝に面と向かって諫言を呈したが、その際、彼が依拠していたものも儒教的文化価値の理想であり、「百家を罷黜し、儒術を独尊す」るという武帝は、このような儒家的理想を受け入れていたが故に、汲黯の批評に対しても寛容な態度を示さなければならなかった[20]。唐の太宗も二つの「自我」の間の拮抗に振り回され、品行方正で阿らない魏徴（五八〇—六四三）が面と向かって諌言を呈し、時には責めるような発言をした時でさえ、彼の言葉を受け入れ、私的な憤怒の感情を抑えなければならなかった。[21]

次に、数千年にわたって深く儒学の影響を受けてきた中国と朝鮮の知識人及び官吏たちの二種の「自我」にもまた拮抗が見られた。彼らは伝統的な儒教価値の信者であり、同時にまた専制政権の権力を行使する知識人あるいは帝国の官吏でもあり、彼らの理想は現実政治の引力の下で二つに引き裂かれ、両者の間に拮抗が生じることは避けがたかった。例を挙げて言えば、明の孝宗の弘治元（一四八八）年、皇帝は文華殿において大学士劉機（一四五二—一五二三）による『孟子』の講義を聞いたが、講義が「難を君に責む、之を恭と謂う。善を陳べ邪を閉ず、之を敬と謂う。吾君能わじとす、之を賊と謂う」（『孟子』離婁上篇）という一段に至った時、孝宗が、なぜ最後の一句を講じないのかと問いただしたところ、経筵の講官は恐れ多くてできませんと返答した。それに対して孝宗は、「何ぞ害わん。善者は善心に感ずべく、悪者は逸志に懲るべし。今より必ずしも忌諱せざれ[22]」とたしなめている。このような例は、明らかに儒家官員の二つの「自我」の拮抗関係を示すものである。

中国の歴史上の帝王の「自我」に拮抗が見られるだけでなく、朝鮮の帝王の二つの「自我」も常に拮抗関係にあった。朝鮮の中宗は、経筵において『論語』の講義が行われた際、侍読官が『論語』の「君子三変」の説を取り上げ、中宗に対して、臣下には「穏やかな態度で接する」よう要求した。中宗は「君臣の間は、常人朋伴の間の如きに非ず[23]」と答え、言葉つきは温和であったが、君臣の間には権力上の上下関係が存在することを示唆した。この君臣の対話は、『論語』に所謂人格モデルとしての「君子」（特に孔子を指す）を「人君」と解釈するものであって、『論語』というテキストそのものが本来内包している豊富な意味合いを狭めることになっているが、別の角度から見れば、『論語』の中の「君子三変」という語句を君臣関係というコンテクストにおいて解読することで、原文に潜んでいる意味を過度に拡張させたものだとも言える。中宗は孔子を崇敬していたが、皇帝は至高の絶対権力を有しているという考えを堅持していた。彼の中には、儒教的価値の受容者としての「文化的自我」と王朝の権力保持者としての「政治的自我」の二つが存在しており、この両者は絶えず拮抗関係にあったのである。

朝鮮の君臣は、具体的な政治状況の中で『論語』という経典を解釈し、また運用したが、これは主に儒教経典がいずれも天下を治めることを目的としており、強烈な経世的志向を有していたからである。歴代中国と朝鮮の儒者の多くは、儒者であると同時に官吏であるというように二重の身分を有しており、彼らは皇帝権力を至上とするネットワークの中で「政治的自我」の方を特に露わにしており、彼らの経典解釈という事業は、通常、君臣間の権力の相互作用という状況の中で進められた[24]。

（2）中、朝両国の歴史によく見られる第二のタイプの拮抗は、「人民の主体性」と「帝王の主体性」との間の拮抗である。儒家政治の理想においては人民を政治的主体と見なすが、帝国専制政治の現実では国君を主体とし、二者の間に調和し難い拮抗関係が形成されることとなった。二〇世紀の中国の儒者徐復観（一九〇二―一九八二）は、このような「国君主体性」と「人民主体性」という「二重主体性の矛盾」を鋭く見抜き、次のように指摘している。中国の儒家は、人に君たる者は必ずその才知と好悪の感情を道徳的な器量へと転化させなければならず、その究極の姿が、人君自身が「無為の状態」に身を置き、天下の才知によって天下の好悪を満足させることである。理想世界と現実世界の「二重主体性の矛盾」の下にあって、深く中国文化の影響を受けている知識人官僚は、常に古典的な儒家の理想に憧れ、人民を政治生活の主体と見なした。しかし、このような理想は、秦漢帝国成立後、国君を主体とみなす現実的政治によって骨抜きにされ、裏切られることとなった。(25) よって、南宋の大儒朱熹は、夏・商・周の三代が中国で最も純粋に理想が実現している時代であり、「道心」と「天理」とが行きわたっていたが、紀元前二二一年に秦の始皇帝が中国を統一して以降、堕落が始まり、礼楽が破壊すること二千余年、これ以後、中国は人欲が溢れる時代になってしまったと考えている。(26)

朝鮮時代の宣祖（李昖）が、一五六九年四月一九日、文政殿において奇大升（一五二七—一五七二）の『論語』講義を聞いた時、(27) 奇大升は、南宋の学者饒魯（一一九四—一二六四）の『論語』憲問篇の「子路、君に事えんことを問う。子曰く、欺くことなかれ。而して之を犯せ」という一段に対する解釈を批判した。朱熹の注では、この一段の「犯」字は「顔を犯して諫争す」(28) という意味であるとするが、饒魯はさらに朱子の注を敷衍して「君に事うるには欺かざるを以て本と為す」(29) と強調し、同時に臣下自身が表裏一体であってこそ国君を諫める資格があるのだと主張した。饒魯の解釈は、朱注の「顔を犯して諫争す」という解釈と比較すると、明らかに皇帝権力に屈服する方向へと後退しているのを否めず、朝鮮の儒者の注意を引き起こしたわけである。尹根寿（一五三七—一六一六）は直ちに饒魯を批判し、(30) 儒臣の諫言権を保持しようと企てている。奇大升は、尹根寿の意見を発揮し、さらに国君は必ずしも雑書を広く読む必要はないとまで主張して、「我が世宗、晩年、輯註を見ず。凡そ四書は、只だ大文大註を印して之れを覧るのみ」と述べている[31]。彼は『論語』原典と朱子集注に立ち返り、諫言権を確保することに努め、儒臣は国君の道徳的指導者としての役割を果たすべきだと主張した。朝鮮の歴史に見られるこの事件を通して、我々は帝王を主体とする権力システムと人民を主体とする儒家知識システムとの間に確かに緊張性が存在していたことを読み取ることができる。

朝鮮時代の儒臣たちは、政務に関わる争議の際には、常に儒教経典の中の知識を用いて自己の論証を補強し、国君の政策に意見を唱えた。例を挙げて言うと、『論語』微子篇に「斉人、魯に女楽を帰《おく》る。季桓子之れを受け、三日朝せず。孔子行《さ》る[32]」という記載が見られるが、この一段で語られている歴史的事実は、一五・一六世紀の朝鮮の宮廷政治において、儒臣の間及び儒臣と国君の間で女楽を用いるか否かを議論する際、双方が取り上げる経典上の根拠となった[33]。成宗二（一四七二）年一月一〇日、経筵講が終わると、儒臣朴崇質は次のように語っている[34]。

昔、斉人、魯に女楽を帰《おく》る。季桓子之れを受け、三日朝せず、孔子行る。今、仁政・勤政両殿の宴享に女楽を用う。両殿は乃ち朝廷外礼の所、倭・野人班に随いて観瞻するの地、女楽を用いるべからざるなり。

このような朴崇質の指摘から、我々は、儒臣が『論語』を引用して女楽を廃止し、「人民の主体性」を明らかにするよう主張していることを知ることができ、この事実は、朝鮮時代の儒教的知識システムと権力システムとの間に確かに拮抗が見られたことを示している。

四　結論

本章では、一九世紀以前の中国と朝鮮の歴史に見られる若干の歴史的実例を取り上げ、「儒教知識」と「政治権力」とは、中・朝両国の文化にあって、極めて密接に関わり合い、作用し合いながら、極めて緊張した関係にあったことを論述した。本章の分析を通して、我々は次の二つの点を結論として導き出すことができるであろう。一つは、儒教的「知識」と中・朝の政治権力は互いに依存し、かつ浸透し合っていたが、「知識」と「権力」は畢竟異なる性質のものであった。帝国体制のもとでは皇帝権力が至高の権力であり、儒臣の権力は皇帝権力から派生した権力であり、「知識」と「権力」とはそれぞれ異なる「運用論理」を持っていた。したがって、儒者知識人と権力を掌握している帝王とは終始緊張関係にあった。明末の大儒王夫之（一六一九―一六九二）の所謂「儒者の統」と「帝王の統」[35]は、東アジア各国の歴史においては、互いに依存し合いながら、互いに対抗し合ってもいた。儒者の理想と権力の現実とは、互いに浸透しつつ拮抗するという関係にあった。一九世紀の中葉以前、中国と朝鮮は、どちらも皇帝によって統制される政治体制であった。皇帝によって統制される帝国は、儒教的価値システムを帝国のイデオロギーの基礎として、各種の人力と物質資源を有効に運用しなければならなかった。帝国の長期的安定を図るため、中・朝両国の皇帝は、儒者知識人を官僚として体制に取り込まなければならなかった。「内聖外王」の理想を実現し、専制政治の統治者を手なずけるため、中・朝の知識人が身を挺して道に殉じた歴史事実は至る所に目にすることができ、「知識」と「権力」の間の拮抗はついに歴史の必然となったのである。

もう一つは、近代以前の中国と朝鮮の歴史上の「知識」と「権力」が、分割できないと同時に互いに緊張関係にあったその最も重要な原因は、儒教知識の特質にあった。儒教知識の特質について言えば、孔子以降、儒者は強烈な全体的思惟方式を展開する傾向があり、このような全体的思惟方式は、「全体」的脈絡から「部分」の働きや意味を考える傾向があり、また「部分」の問題を解決するには必ず「全体」の脈絡の中でなされなければならないと考える。そして、このような全体的思惟方式に基づいて、儒者は、「個人」から「家庭」・「社会」・「国家」そして「宇宙」へと至る流れを、同心円的に途切れることなく展開していく連続的過程と考え、このうちのいかなる段階が途切れても、個人の自我実践が不完全に終わると見なす。よって、過去の儒者は「内聖外王」を人生の最高の理想として掲げ、個人の内在的道徳レベルでの修養と外在的事業の完成とは切り離せないと考える。言い換えれば、内在的な道徳修養は、単に個人の内なる思想の次元にとどまらず、必ず進んで客観的外在的環境の中で具体化されなければならないと考えるのである。「内聖外王」という理念の下、東アジア儒教文化圏には、儒教的知識を現実の政治の世界で実現しようという大きな動力が潜んでいるのだ。このような動力は、中国文化を実用的傾向に向かわせている。二〇世紀のフランスの著名な中国研究者バラージュ（Étienne Balazs、一九〇五―一九六三）は、中国の哲学はある観点から言えばすべて社会科学であると説いている。(36) 儒教知識システムが持っている強烈な実践的傾向が、近代以前の中・朝の歴史にあって、必然的に儒教知識と「権力」の間に深刻な関係を生じさせることになったのである。

［注記］本章の初出は『中山大学学報（社会科学版）』（広州）、第五一巻第二期（二〇一一年三月）、一一二―一一七頁、本書に収録するに当たり、修正を加えている。

注

（1）Frederick W. Mote, "The Cosmological Gulf between China and the West," in David C. Buxbaum and Frederick W. Mote eds., *Transition and Permanence: Chinese History and Culture: A Festschrift in Honor of Dr. Hsiao Kung-ch'üan* (Hong Kong: Cathay Press Limited., 1972), pp.3-22; Frederick W. Mote, *Intellectual Foundations of China* (Cambridge, Mass: The Colonial Press, Inc., 1971), Chap. 2, pp. 13-28を参照。

（2）李沢厚『中国古代思想史論』（生活・読書・新知三聯書店、二〇〇八年）。

（3）許倬雲『華夏論述――一個複雑共同体的変化』（遠見天下文化出版、二〇一五年）、「自序」、九頁。

（4）James T. C. Liu（劉子健）, "Integrative Factors through Chinese History: Their Interaction," James T. C. Liu and Wei-ming Tu eds., *Traditional China* (Englewood Cliffs: Prentice-Hall, Inc., 1970), pp. 10-23、所収。

（5）Shmuel N. Eisenstadt, *The Political Systems of the Empires: The Rise and Fall of the Historical Bureaucratic Societies* (New York: The Free Press, 1963, 1969), pp. 221-256を参照。

（6）この問題に関しては、Frederick P. Brandauer and Chun-chieh Huang eds., *Imperial Rulership and Cultural Change in Traditional China* (Seattle: University of Washington Press, 1994)が初歩的な考察を加えており、参考になる。

（7）『史記』（中華書局、一九九七年）、巻九九、「酈生陸賈列伝」、二六九九頁。

（8）董仲舒の「対策」以前に、武帝はすでに儒学を重視し始めている。儒学の独尊という件について言えば、田蚡の影響も大きい。戴君仁「漢武帝抑黜百家非発自董仲舒考」、『孔孟学報』、第一六期（一九六八年九月）、一七一―一七八頁。漢の武帝の儒学独尊については、福井重雅「儒教成立史の二、三の問題――五経博士の設置と董仲舒の事蹟に関する疑義」、『史学雑誌』第七六巻第一号（一九六七年）、五頁、及び佐川修「武帝の五経博士と董仲舒の天人三策について――福井重雅氏「儒教成立史の二三の問題」に対する疑義」、『集刊東洋

学』第一七集（一九六九年五月）、五九―六九頁を参照。

（9）董仲舒以降、所謂「春秋を以て断獄す」というのが漢帝国の慣習となった。『尚書』一書も、漢代の施政、官制や法律に大きな影響を与えた。この点については、李偉泰『両漢尚書学及其対当時政治的影響』（台湾大学文学院、一九七六年）を参照。

（10）板野長八『儒教成立史の研究』（岩波書店、一九九五年）、第一章、「『孝経』の成立」、一―五〇頁を参照。越智重明氏によれば、「孝」という儒家の核心道徳は、秦漢帝国の成立以後、儒家と法家が融合した結果の産物であり、また帝国権力の浸透を受けている。よって『孝経』の広揚名章に「君子は親に事えて孝、故に忠は君に移すべし」という命題が見られる。越智重明「孝思想の展開と始皇帝」、『国立台湾大学歴史学系学報』第一五期（一九九〇年一二月）、三九―六四頁を参照。

（11）Martina Deuchler, *The Confucian Transformation of Korea: A Study of Society and Ideology* (Cambridge, Mass. and London: Council on East Asian Studies, Harvard University, 1992), pp. 3-27 を参照。

（12）Martina Deuchler, *op. cit.*, pp. 89-128.

（13）『漢書』巻八一、「匡張孔馬伝第五十一」。

（14）この点については、黄俊傑「論東亜儒家経典詮釈与政治権力之関係――以『論語』・『孟子』為例」を参照、黄俊傑『東亜文化交流中的儒家経典与理念――互動、転化与融合』（台湾大学出版中心、二〇一〇年）、一二一―一四〇頁、所収。

（15）『恭靖王実録』巻一、一―二頁、国史編纂委員会『朝鮮王朝実録』（東国文化社、一九五五―一九六三年）第一冊、所収、「定宗」、巻一、元（一三九九）年正月七日、一四三頁。

（16）『太祖実録』巻四、一四頁、『朝鮮王朝実録』第一冊、所収、「太祖」、巻四、二（一三九三）年一二月二七日、五二頁。

（17）『太宗実録』巻二五、『朝鮮王朝実録』第一冊、所収、「太宗」、巻二五、一三（一四一三）年六月一六日、六七三頁。

（18）同右。『論語』公治長篇に次のようにある。「旧悪を念わず、怨み是を用て希なり」。

（19）『明史稿列伝』（明文書局、一九九一年）、「列伝五八・高瑤」、六一四頁。

（20）『漢書』（中華書局、一九九七年）、巻五〇、「張馮汲鄭伝第二〇」、二三一六―二三二六頁。
（21）『旧唐書』（鼎文書局、一九八六年）、「列伝第二一・魏徴」、二五四九頁。
（22）孫承沢『春明夢余録』（台湾商務印書館、一九七六年）、巻九、九頁。
（23）『中宗実録』、巻四〇、二二一―二二三頁、『朝鮮王朝実録』第一五冊、所収、「中宗」、巻四〇、一五（一五二〇）年閏八月一七日、六八三頁下―六八四頁上。
（24）朝鮮の宮廷で展開された君臣間の対話に見られる『論語』の解釈及びその政治的意味については、本書の第四章「朝鮮時代の君臣間の対話における孔子と『論語』――論述の脈絡と政治作用（一四―一九世紀）」を参照。
（25）黄俊傑『東亜儒学視域中的徐復観及其思想』（台湾大学出版中心、二〇〇九年）、五二頁、一〇四頁、二一三頁、二一八頁を参照。
（26）Chun-chieh Huang, "Imperial Rulership in Cultural History: Chu Hsi's Interpretation," in Brandauer and Huang eds., *Imperial Rulership and Cultural Change in Traditional China*, pp. 144-187.
（27）『宣宗実録』巻三、六頁、『朝鮮王朝実録』第二一冊、所収、「宣祖」、巻三、二（一五六九）年四月、二〇四頁下。
（28）『論語集注』、『四書章句集注』巻七、一五五頁。
（29）『論語集注大全』、『無求備斎論語集成』（芸文印書館、一九六六年）第七函、第六冊、巻一四、「憲問一四」、二七頁。
（30）『宣宗実録』巻三、八頁、『朝鮮王朝実録』、第二一冊、所収、「宣祖」、巻三、二（一五六九）年四月、二〇五頁上。
（31）同右。
（32）『論語集注』、『四書章句集注』巻九、一八三頁。
（33）例えば『成宗実録』八（一四七七）年一月一三日、成宗一二年六月二一日、成宗二三年一月四日、『中宗実録』元（一五〇六）年一二月一七日などに記載が見られる。
（34）『成宗実録』巻八、四頁、『朝鮮王朝実録』第八冊、所収、「成宗」、巻八、二（一四七一）年元月一〇日、五四六頁上。
（35）王夫之『読通鑑論』、『船山全書』（嶽麓書社、一九八八年）第一〇冊、所収、巻一五、「宋文帝」、五六八頁。

(36)　Étienne Balazs, "Political Philosophy and Social Crisis at the End of the Han Dynasty," in H. M. Wright tr., *Chinese Civilization and Bureaucracy* (New Haven: Yale University Press, 1964), p. 195.

第四章　朝鮮時代の君臣間の対話における孔子と『論語』

――論述の脈絡と政治作用

一　はじめに

東アジアには儒教経典の解釈という伝統があるが、その大きな特徴は、経典の解釈者が経典を「解釈」すると同時に経典の内容を「運用」し、経典の言葉を現代に投げかけるという点にある(1)。東アジアの経典解釈者の多くは、経典作者の本旨は解明可能であるという前提の下、悠久なる歴史を有する経典を改めて解釈することを通して、自己の現実世界における位置を見定め、今後の行動原則を画策した。東アジアにおける経典解釈という行為は、経典を解読し、「過去」を回顧するということ、つまり「温故知新」にほかならず、「現在」を見定め、「未来」を切り開くということを意味した。彼らの経典解釈活動は、実は今を生きる経典解読者を主体とするものであり、彼らの経典解釈行為が顕示しているのは経典を読む者の主体性であった(2)。

上述した「解釈即ち運用」という東アジアの思想的伝統において、儒教経典の解釈者は、よく政治の場で意見を交わし、政治的な脈絡の中で経典に潜んでいる現実的な意味を汲み取り、発揮していった。東アジアの儒者による経典解釈の伝統において、「権力」は経典解読の中で大きな作用を発揮し、また、東アジアの儒者の歴史の権力構造が大きく変動した転換期、例えば中国の春秋戦国時代・秦末漢初・魏晋南北朝・隋末唐初・唐末五代・宋元転換期・明末清初・清末民国初、日本の江戸時代初期と幕末維新期、韓国の朝鮮王朝末期、及び台湾の日本への割譲（一八九五）といった時期において、経典解釈は、権力の転移や政治秩序の変動と密接に関わり合っていた[3]。

儒者の経典解釈と政治権力構造との相互浸透関係を最もよく反映しているのは、東アジア各国の君臣間で展開された対話において、孔子の思想が度々引用され議論されている事実だろう。本章の主旨は、一四世紀から一九世紀にかけて朝鮮の宮廷で展開された君臣間の『論語』の内容をめぐる議論を分析し、君臣双方の主張及びその意義を考察するものである。

本章の主題に入る前に、一四世紀以降の朝鮮の社会と思想の特質を説明しておく必要があるであろう。朝鮮時代（一三九二―一九一〇）の朝鮮社会の特徴は、父系の親族系統が重視され、社会が明確に階層化されているという点にあった。朝鮮社会の上層階級は「両班」であり、少数の両班階級が、政治・経済・学術方面の資源や官職を独占するという貴族統治に似た社会形態を形成していた。「両班」の下は「中人」であり、中人は両班と良家の妾が生んだ子女である。常民、白丁とを合わせて「良民」と称した。良民は賤民とは異なり、彼らは科挙の雑科に合格すれば下級行政官（技術官・医官・訳官・胥吏）になることはできたが、政治に参与することはできなかった。朝鮮時代の初期は、「両班」と「良民」は明確に区別されていたが、「良民」が官職に就いて政治に参与した例も見られた。[4] しかし、その後一世紀を経過すると階級の分化が進み、「良民」は「両班」の下に位置付けられ、良民が仕官する道は制限されたので、都市においては多くの良民が経済活動に依存して社会の新興勢力となった。一四世紀以降、朝鮮の社会・政治と思想は深く儒教的価値理念の影響を受けた。社会の上層階級である「両班」の中の文臣は、儒教の推進者であり、また中央権力の掌握者でもあり、地方において大きな影響力を発揮した。かくして儒教は朝鮮時代において国教に近い地位を占めることになる。[5] 朝鮮の儒者は、『五経』、つまり中国古代の先王の聖典を、政治の要諦が書かれているものと深く信じ、『五経』に展開されている先王の教えを詳しく研究することによってのみ政治の革新は実現できるのだと考えた。『四書』（特に『大学』）は、儒教思想の精義を開示したものとして、上は君王から下は臣下に至るまで、誰もが熟読玩味すべき聖典となった。それ以外にも、『性理大全』は、宋代新儒家の形而上学・修身論及び礼法の学を包括的に網羅していることから、朝鮮の学者に極めて重視され、また、朱子の『近思録』と『四書集注』も朝鮮の儒者必読の経典となった。[6]

二　政治的脈絡における朝鮮の君臣の『論語』論述とその得失

一四世紀から一九世紀にかけての朝鮮歴代国王の事績を記した『朝鮮王朝実録』を紐解くと、朝鮮宮廷の君臣間における対話には、次のような現象が見られることを確認できる。（一）孔子の思想と『論語』を常に政治的脈絡の中に置き、政治的な解読を行った。（二）彼らは常に『論語』から現実の政治につながる意味合いを見出し、特に儒者は『論語』の言葉に政治的訓戒の意味を読み込み、『論語』に対する解釈権を掌握することにより政治をコントロールしていった。（三）朝鮮の君臣が、孔子の思想と『論語』に対して行った政治的な解読は、往々にして孔子の思想世界が内包していた超越的・普遍的な側面を取りこぼすことになった。以下、具体例を取り上げながら上述した三つの現象を検討してみたい。

1　政治的脈絡による『論語』解読

朝鮮時代の宮廷において、君臣は『論語』を実際の政治状況の中に置いて読み、『論語』から現代の政治とつながる意味を汲み取っていった。このような政治的な読み方は、一四世紀から一九世紀の歴代の『実録』の中に度々示されている。

このような政治的な読み方は、『論語』に潜んでいる意味を新たに見出すものであった。例えば定宗元（一三九九）年一月七日の『定宗実録』に次のような記録が見られる。(7)

御経筵に知経筵事趙璞『論語』を進講し、「仍旧貫如之何」章に至りて曰く、「此れ人君の土木を罷め民の役を労らんと欲するなり」と。上曰く、「土木の役は、已に罷めたり。忠清道監司李至り、宮城の蓋茨《かやぶき》を除かんと請う。余之れを思うに、中外の民貧し。糧を賚《たま》わること能わず。国に儲する所無く、又給うること能わず。蓋茨は転輪の際、其の弊小さからず。是れ吾が民を害するなり。此の時に当り、一切の営繕《リフォーム》は、皆当に已《や》むべき所なり。況んや宮城の蓋茨をや。是を以て其の請に従う」と。璞対えて曰く、「殿下の此の言、誠に吾が民の福なり」と。

ここで定宗と趙璞（一三五六―一四〇八）とが議論しているのは、『論語』の先進篇の以下の章の内容についてである。

魯人、長府を為《つく》る。閔子騫曰く、「旧貫に仍《よ》らば之れを如何。何ぞ必ずしも改め作らん」と。子曰く、「夫の人は言《ものい》わず、言えば必ず中る」。

趙璞は、『論語』から「此れ人君の土木を罷《や》め民の役を労《いたわ》らんと欲するなり」という現代の政治に見合った新たな意味合いを掘り起こし、『論語』を現代と関連づけている。『論語』の原典においては、閔子騫の言葉は、「魯人、長府を為《つく》る」に対して発せられたものであった。よって一四世紀の趙璞が、定宗に対して、この章を「人君に土木の役を罷め」させようとするものだと解釈したのは『論語』の本来の意味に沿っているとともに、当時の朝鮮の政治的状況にも合致しており、巧みな解釈だとみなすことができる。

ある経筵における対話の場で、朝鮮の君臣は、常々『論語』の読解を通して、孔子の意見の政治的意味合いを確認したり強めたりした。例えば純祖七（一八〇七）年一一月二一日の『純祖実録』に次のような記載が見られる(8)。

戊午／昼の講に『論語』「民、信無くんば立たず」章を講ず。上曰く、「兵・食・信、三者の中、如し陣に臨み敵に対するの時に当りて、已むを得ざるに迫まられて当に之れを去るべくんば、則ち何者を当に先とすべきか」と。特進官金履永曰く、「漢は長坂の戦において、兵・食乏絶す。而れども江陵の士卒十余万、男は負い女は戴き、叛かずして来るは、其の信を以ての故なり」と。上曰く、「此の謂に非ざるなり。漢の高帝の之れを囲むこと三匝の中に在るが如き、事は急遽に出で、命は頃刻に在り、一面を潰して潜出するの際に当りて、必ず已むを得ずして三者の中に去る所有れば、則ち何者を当に去るべきか」と。侍読官徐有望曰く、「此くの如きの時に当たると雖も、信は則ち尤も去るべからざるなり」と。

純祖と金履永（一七五五―一八四五）及び徐有望（一七六六―一八三三）の対話で取り上げられているのは、『論語』顔淵篇の「子曰く、食を足し、兵を足し、民は之れを信ぜしむ」という一章であり、孔子は、「古より皆死有り。民は信無くんば立たず」と締めくくっている。純祖の侍読官であった徐有望は、孔子の真意は「信は則ち尤も去るべからず」ということであると理解している。このような理解は確かに『論語』の原意と合致しており、『論語』子張篇に、子夏が「君子は信ぜられて而して後に其の民を労す。未だ信ぜられざれば、則ち以て己を厲《や》ましむと為すなり。信ぜられて而して後に諌む。未だ信ぜられざれば、則ち以て己を謗ると為すなり」と語る一段があり、孔子の言葉の意味を正確に解釈しているものとみなすことができる。

しかしながら、多くの場合において、歴代の『実録』資料に見られる朝鮮の君臣間の対話では、『論語』が内包している意味合いを狭め、限定してしまったり、深読みし過ぎてしまう傾向を免れていない。具体的な例を挙げて言えば、『論語』子張篇に、「君子に三変有り。之を望めば儼然たり。之に即《つ》けば温なり。其の言を聴けば厲なり」という子夏の言葉を記した一段があり、これが朝鮮の宮廷において君臣間の対話のテーマとなったことがある。中宗一五年閏八月一七日の『中宗実録』に次のように記載されている(9)。

　御夜対に『論語』を講ず。侍読官黄孝献曰く、「君子に三変の言有り。反覆して之れを見るに、其の意甚だ好し。之れを望めば儼然たり。之に即けば温なり。其の言を聴けば（確）〔厲〕なりと。此れ人君の当に勉むべき所なり。〔……〕臣、自上の威儀の間を観るに、至儼と謂うべし。而れども但だ温和の気を欠き、群臣に接対するの間、只だ率ね常の例に循うのみにして、未だ論難の事有るを見ず。夫れ君臣の間は、父子の親の如し。上、和顔にして之に接し待《あしら》えば、則ち下、また進言を楽しむ。自上、春秋盛んなりと雖も、然れども今より始めて聖学の功を為せば、未だ晩《おそ》しとは為さず。〔……〕上曰く、「君臣の間、儼・和・（確）〔厲〕の三字、宜しく兼ねて之れ有るべし。但だ君臣の間は、常人朋伴の間の如きに非ず。故に其の情意は、未だ相孚《はぐく》むこと能わざるなり。此れ則ち其の勢の然らしむるなり。故らに過厳を為すに非ざるなり」と。〔……〕孝献曰く、「〔……〕大抵君臣の間は、厳威を主とすと雖も、而れども和柔を以て可否を相《み》るもまた可なり」と。上曰く、「信の人に於けるや大なり。古の人、信無くんば立たず。今、法は民に信ぜられず。号令は朝に立ち夕に変わり、国家の法章は、変更を為し易し。古より云く、『朝鮮の法は只だ三日のみ』と。其の信ぜられざること甚しきなり」と。

この対話の中で、侍読官は、『論語』に記載されている「君子三変」の説を借りて、中宗に臣下に対して「和顔にして之れに接し待《あしら》う」べきだと要求しており、中宗は、「君臣の間は、常人朋伴の間の如きに非ず」と答えており、言葉は穏やかであるが、ここには君臣間の権力上の緊張関係が表出している。ある方面から見れば、この君臣間の対話は、『論語』原典の人格モデルとしての「君子」(特に孔子を指す)を「人君」と解釈しており、これは『論語』本文がもともと持っている意味合いを狭めて解釈していることは確かであるが、別の面から見れば、「君子三変」を君臣がともに関わる政治的脈絡の中において解釈するものであり、原典に潜在していた道徳的意味合いを特に際立たせる形で解釈したものだとも見なすことができる。

朝鮮の君臣は、実際の政治状況の中で『論語』という経典を解釈し、また運用した。これは東アジア思想史によく見られる現象であるが、こうした現象が生じるのは、儒教経典が治世を目的として掲げており、強烈な経世的性格を持っているからである。過去の東アジアの儒者の大半は、儒者であると同時に官吏でもあるというように二つの身分を兼ねており、彼らは皇帝権力を頂点とするネットワークの中、「政治的アイデンティティー」を特に際立たせることとなり、彼らの経典解釈の営みは、巨大な権力と対峙せざるを得なかったのである。(10) 国君を諫めるという政治的な目的で『論語』を運用したのは朝鮮の儒者だけではなく、中国漢代の君臣間の対話にも、政治的な脈絡で儒家経典を引用している例がよく見られる。例えば前漢の成帝の時、翟方進は、宮廷の政治闘争の中で政敵を攻撃したが、その際、『論語』八佾篇の「人にして不仁なれば、礼を如何せん。人にして不仁なれば、楽を如何せん」という言葉を引いて、政敵の「内に姦滑を懐くは、国の患うる所なり」という立場の虚妄を暴き、責め立てた。[11] 東アジア各国の宮廷においては、政治的脈絡で経典を解読するのが日常化していたと言えるであろう。

2　『論語』による現代政治的主張

朝鮮時代の君臣が『論語』の思想内容を議論する時、臣下は、『論語』の文脈に従って風刺の意味を込め、『論語』から現代的な教えを汲み取り、現実の政治に対する具体的な主張を展開した。比較的重要な事例としては以下のようなものがある。

（a）異なる地域の人才の争い：

粛宗元（一六七五）年四月二三日付の『粛宗実録』に以下のような記載が見られる。[12]

辛亥／御昼講に『論語』「直きを挙げて枉れるに錯く章」を講ず。李夏鎮曰く、「今日、一の直言する者を用い、一の直言せざる者に錯《お》き、明日も一の直言する者を用い、一の直言せざる者に錯き、又明日も是くの如ければ、則ち直なる者は自ら進み、直ならざる者は自ら退く。朝廷、豈に清明ならずや」と。権愈曰く、「必ずしも他章を講ぜず。只だ此の一章のみ用いるに足る」と。金錫冑曰く、「賢に任じて邪を去るは、皆人を知るに属す。人を知りて然る後、能く枉・直の在る所を知る。

人を知ること能わざれば、則ち直を以て枉と為し、枉を以て直と為すの弊有り。当今の人物は眇然として、且つ外憂有り。須らく人才を察して之れを用いよ」と。時に上、西人を以て枉と為し、南人を直と為す。故に夏鎮、進みて上に説き、日日、西人一人に錯き、南人一人を挙げんことを請う。愈も又た必ずしも他章を講ぜずと言う。西人の余存する者を、夏鎮・愈等は、尽く之れを去らんと欲し、此れを以て妙計と為す。錫冑、之れを悪み、人を知るを以て先と為さんことを請う。夏鎮等の筵席における、此れ等の言を為し、張善澂・金万基及び錫冑は、時にあるいは之れを弁ずるも、上は省みざるなり。

粛宗と李夏鎮（一六二八―一六八二）、権愈（一六三三―一七〇四）らが議論しているのは『論語』為政篇の以下の段である。

　哀公問うて曰く、「何を為さば則ち民服せん」と。孔子対えて曰く、「直きを挙げて諸れを枉れるに錯けば、則ち民服せん。枉れるを挙げて諸れを直きに錯けば、則ち民服さず」と。

　李夏鎮は、孔子が語った「直きを挙げて諸れを枉れるに錯く」という普遍的な人材登用原則を一七世紀後半の朝鮮の宮廷における出身地の異なるエリート間の闘争という特殊な状況の中に持ち込み、粛宗が宮廷で畿湖学派に属する西人の党人を排斥し、嶺南学派に属する東人党から派生した南人の党人を抜擢するよう建言したのである。

（b）李珥（一五三六―一五八四）の文廟祭祀問題：

朝鮮の文廟制度は新羅時代の聖徳王一六（七一七）年に始まるが、儒者が文廟に祀られるようになるのは、高麗時代後期の忠烈王六（一三一九）年に安珦（晦軒、一二四三―一三〇六）が祀られたのを嚆矢とする。朝鮮時代には、中宗一二（一五一七）年に、鄭夢周（圃隠、一三三七―一三九二）が祀られ、光海君二（一六一〇）年には金宏弼（寒暄堂、一四五四―一五〇四）・鄭汝昌（睡翁、一四五〇―一五〇四）・趙光祖（静庵、一四八二―一五一九）・李彦迪（晦斎、一四九一―一五五三）・李滉（退渓、一五〇一―一五七〇）が祀られ、粛宗七（一六八一）年には李珥（栗谷、一五三六―一五八〇）・成渾（黙庵、一五三五―一五九八）が祀られ、粛宗四三（一七一七）年には金長生（沙渓、一五四八―一六三一）が祀られ、英祖三二（一七五六）年には宋時烈（一六〇七―一六八九）・宋浚吉（同春、一六〇六―一六七二）が祀られ、英祖四〇（一七六四）年には朴世采（南渓、一六三一―一六九五）が祀られ、正祖二〇（一七九六）年には趙憲（一五四四―一五九二）・金集（慎独、一五七四―一六五六）・金麟厚（河西、一五一〇―一五六〇）等が祀られた。一四世紀から一八世紀にかけて合わせて一八名の朝鮮の儒者が祀られたが、この一八名の朝鮮儒者の中、李珥と成渾の二人は祀られた後に一旦外され、その後、再び祀られることになった。また李珥を文廟に配祀することについては、宮廷内の闘争と絡んで、論争が繰り広げられた[13]。

仁祖元年（一六二三）、西人派が政治的に優勢となり、李珥を文廟に配祀することに反対する東人派の党人と李珥の文廟配祀をめぐって論争を開始した。仁祖一三（一六三五）年、李珥の文廟配祀をめぐって西人派と東人派から派生した南人派との間で繰り広げられた闘争は熾烈を極めた。粛宗一五

（一六八九）年二月、西人派は政治的勢力を失い、南人派が政治の表舞台に躍り出て、李珥と成渾は配祀の対象から外された。粛宗二〇（一六九四）年、西人派が政治的に優勢となるに従い、同年五月、朝廷は李珥を再び配祀することに決定した。総じて、李珥の文廟配祀問題は朝鮮の宮廷の闘争と密接な関係を持っていたのである。[14]

そしてこの事件もまた『論語』の内容とからめて議論されていた。『仁祖実録』に次のような記載が見られる。[15]

上朝して『論語』を文政殿に講ず。〔……〕特進官柳舜翼曰く、「人君は当に儒を崇び、道を重んじ、賁开、文治すべし。故に古、戈を投じて芸を講じ、馬を息めて道を論ずる者有り。況んや今、拭目新化の時、尤も当に儒術を崇奨すべし。先賢李珥を文廟に従祀するは、則ち士論の洽《あまね》く然るところなり」と。上曰く、「文廟の従祀の関わる所は重大、軽易に之を為すべからず」と。承旨閔聖徽曰く、「事若し為すべからざれば、則ち久しと雖も従い難し。事若し為すべきならば、則ち何ぞ必しも難きを持さん」と。侍読官李敏求曰く、「李珥は凡儒に非ざるなり。宜しく速かに従祀すべし。聖上、李珥の学問の浅深を知らず。故に軽易に従祀するを以て難しと為す。若し其の文集を取りて覧れば、則ち其の学問の造《いた》る所を知るべし」と。検討官兪伯曾曰く、「李珥の従祀は乃ち一国公共の論なり。第《た》だ曩時、公論行われざるに縁り、故に迄《つい》に未だ挙行されず。臣の意は、則ち文集を見ずと雖も、速やかに従祀を許すが宜当ならん」と。敬輿曰く、「李珥を従祀するの請、実に公論に出づ。聖上必ず已《すで》に之を聞かん。聖学高明、其の文集、或る者は曾て已に取りて覧る。目今、義理晦塞し、道学明らかならず。士子の趨向未だ定らず。宜しく速快《すみや》かに従《まつ》り、一国の士子をして其の趨向を知らしむべし」と。

仁祖朝の儒臣は、『論語』の読解を通して李珥を文廟に配祀すべきだとする具体的な主張を展開しようとしたのである。

3　朝鮮の君臣の『論語』解釈の得失

本節で検討した朝鮮君臣の「解釈即ち運用」という『論語』の読み方の実例を通して、我々は、一四世紀から一九世紀までの約五〇〇年間、朝鮮の君臣が、常に彼らが生きていた時代の視点から孔学の思想世界に入り込み、それぞれの時代の問題意識を抱いて『論語』を読み、孔門の師弟に向かって彼らの時代の政治問題を解決する糸口を問うていたということが分かる。

このような経典の読みと解釈方法の最大のメリットは、孔子の思想と『論語』を博物館の中のミイラとして扱うのではなく、読者が入ることのできる図書館として扱うという点にあり、ここでは、読者は『論語』の思想世界の中を逍遥し、古人の手を携えて古人とともに歩んでいくことが可能となる。

しかし、朝鮮の君臣が『論語』に対して行った現代政治的な読解は、孔学の世界の中の普遍的意味合いを持った道徳命題の多くを現代の政治闘争のための道具へと転化するものであり、ある種の「政治的還元主義」(political reductionism) に陥ることを避けられず、「櫝を買いて珠を還す」、つまり真の価値を見失う結果になっているとも言える。『論語』顔淵篇に「子張、徳を崇び、惑いを弁ずるを問う。

子曰く、『忠信を主とし、義に徙《うつ》るは、徳を崇ぶなり。之を愛しては其の生を欲し、之を悪んでは其の死を欲す。既に其の生を欲し、又其の死を欲するは、是れ惑なり』と」という問答が見られる。ここで孔子は、子張の「徳を崇び惑を弁ず」という問いに対して普遍的な道徳命題を持ち出して答えているのだが、一七世紀後半の朝鮮の君臣は、この『論語』の一節の意味を、政治的異分子を排斥することを合理化する理由に転化させて理解している。粛宗元（一六七五）年四月一六日の『粛宗実録』に次のような記載がある。[16]

御昼講に『論語』の「徳を崇び惑いを弁ず」章を講ず。知事金万基曰く、「凡そ人の情は、其の愛する所の者においては、過誤有りと雖も蔽いて知ること能わず。其の悪む所の者においては、罪無しと雖もまた察すること能わず。抱冤有るの人に至りては、人君の好悪尤も大なり。〔……〕徳を崇び、惑いを弁ずの両言、聖人の工夫の最も切なる処、人君尤も宜しく省みるべきなり」と。上曰く「唯」と。万基の言、諷諭すること深切、副提学洪宇遠等、甚だ之れを厭悪す。宇遠、以て成虎錫の疏を捧げ、推して承旨を考えんことを請い、仍ち言く、「宋時烈、死して余罪有り。而れども特に寛典を用い、之れを徳源に置き、今猶自ら以て是と為す。一辺の公卿、重臣及び台閣の臣、時烈を庇護し、退処して仕えず、朝廷を汚穢して、時烈の為に節を立つるが若き有り。古より豈に此くの如き時有らんや。宜しく厳旨を以て之れを責め、温批を下すべからざるなり」と。宇遠老衰し、常時の言語は、僅かに能く口より出づるのみなるも、是に至りては、辞気暴勃し、声一筵を震わす。

『実録』を編述した史臣による「万基の言、諷諭すること深切」という評語から、金万基（一六三三―一六八七）の理解した「徳を崇び惑いを弁ず」という言葉には、非難する政治的対象が明確に存在しており、それは一般の道徳原則を示すものとして語られた言葉ではなかったことを知ることができる。

三　古と今の対話――『論語』の朝鮮宮廷における政治的作用

ここで、さらに踏み込んで『論語』が朝鮮の宮廷で発揮した政治的作用について検討してみよう。歴代王朝の『実録』が示している史料によれば『論語』という経典は、朝鮮時代の五〇〇年間にわたって、大きく見て二種類のタイプの政治的作用を発揮している。一つは指導的（orientative）作用であり、もう一つは評価的（evaluative）作用である。前者は、朝鮮の君臣間の対話の中で、儒臣が『論語』を引用し、現実の政治的行動や政策を導いていくことを指し、後者は、儒臣が『論語』の内容を引用して現代の政治家を批評することを指している。我々は次に、この二つのタイプの政治的作用とその現実の政治的脈絡の中での引用の仕方を検討してみよう。

1　指導的作用

朝鮮時代の儒臣が『論語』を引用して国君を諷喩し、現実の政治的動向を左右しようとした実例は数多く見られ、その最も代表的な例が宣祖（李昖）二（一五六九）年の『宣祖実録』に見られる。

一五六九年四月一九日、宣祖は文政殿において、奇大升（一五二七―一五七二）の『論語』衛霊公篇の講義を聴いた。奇大升は次のように講じた。(17)

古人の言は、一偏を指すと雖も、固より当に比類して観るべし。聖人の言の如きは、則ち上下皆通ず。双峯饒氏、註を出づる処多し。而して古人以為《おもえ》らく、「饒氏は註を出づるに善し。而れども自得は則ち少しとしか云う」。貨を好み色を好むの言は、『孟子』においてもまた之れ有り。

このように奇大升は、宣祖に対して『論語』を講じた際、饒魯（一一九四―一二六四）の説を批判しているが、それは『論語』憲問篇の「子路、君に事えんことを問う。子曰く、『欺くこと勿かれ。而して之れを犯せ』と」という一段に対して饒魯が示した解釈のことである。まず朱子は、『論語』のこの一段に次のように注している。(18)

犯とは顔を犯して諫争するを謂う。范氏曰く、「犯は子路の難しとする所に非ざるなり。而して欺かざるを以て難しと為す。故に夫子、教うるに先ず欺くこと勿くして、後に犯すを以てするなり」。

朱子は「犯」字を「顔を犯して諫争する」と解釈したが、饒魯はさらに朱注を敷衍して次のように理解している。(19)

君に事うるには欺かざるを以て本と為す。然れども欺かざるは甚だ難し。須らく是れ平日、慎独上において実に工夫を下すべし。表裏一の如くして、方《はじ》めて能く此くの如し。今の人、自家《おのれ》は色を好み、貨を好みて、却て其の君を諫めて色を好み、貨を好むこと勿れというは、皆是れ君を欺くなり。

饒魯は「君に事うるには欺かざるを以て本と為す」と強調し、また臣下自身の表裏・言動が一致して、はじめて皇帝を諫める資格があると主張する。饒魯の説明は、明らかに「顔を犯して諫争す」という朱子の注解よりも後退し、控えめなものとなっており、皇帝権力に屈服している傾向が見られ、朝鮮の儒臣たちの注意を引くこととなった。尹根寿（一五三七―一六一六）は次のように語っている。[20]

君臣の間は家人の父子の如し。情義至って重し。君に一事の誤・一念の差有れば、あるいは言官、あるいは侍従、皆当に規諫すべし。若し吾が身に過無きを待ちて、然る後、始めて以て君の過を諫むるを得るならば、則ち人に過無き者鮮《すくな》し。孔・孟・程・朱に非ざれば、則ち何ぞ以て君を諫むるを得んや。特《た》だ情意切迫なるを以ての故に、君の過を見れば、諫めざるを得ず。其の身は好貨好色為らざること能わずと雖も、而れども固より当に之れを諫むべし。饒氏の言は極めて誤れりと為す。

このように、尹根寿は儒臣の諫争権を保持しようと図っている。奇大升も尹根寿の意見を大いに支持し、さらに踏み込んで、皇帝は雑書を広く閲覧する必要はないとする主張を展開して、次のように指摘している。「我が世宗は晩年、輯註を見ず。凡そ四書、只だ大文大註を印して之を覧るのみ」と。[21] 彼は、『論語』の原典と朱子の集注に立ち返り、極力臣下の諫争権を保持し、儒臣の皇帝に対する道徳アドバイザーとしての役割を強固にするべきだと主張したのである。

上述したような朝鮮の君臣間の『論語』及びその注解に関する対話を通して、『論語』が朝鮮時代の宮廷政治において発揮した指導的作用を見てとることができる。このような指導的作用は、一六世紀の朝鮮の朱子学者李滉（退溪、一五〇一—一五七〇）が経筵において宣祖のために『論語』を講義した際にも遺憾なく発揮されている。一五六八年八月一日の『宣祖修正実録』に以下のような記載が見られる。[22]

上の御経筵に李滉入りて侍る。『論語』の「我に数年を仮《くわ》え、卒して以て『易』を学べば、則ち以て大過無かるべし」及び其の註「『易』を学べば則ち吉凶消長の理、進退存亡の道に明らかなり」を講ずるに因り、仍《かさ》ねて其の義を推衍し、進みて啓《もう》して曰く、「姑く乾卦を以て之を言えば、上九の位は已に亢《たか》く極まる。故に貴くして位無く、高くして民無く、亢龍悔い有りの象有り。人君、若し崇高を以て自ら処れば、簡賢自聖、独り世を馭するを知り、下に下るの意無く、則ち此の象に応じて、窮の災有り。人君此れを知れば、則ち以て大過無かるべし」と。翌日又別に箚記を為して以て進む。上曰く、「警戒の言、予当に日に日に以て戒と為すべし」と。

李滉が講じたのは『論語』述而篇の「子曰く、我に数年を仮《くわ》え、五十にして以て易を学べば、以て大過無かるべし」という一段である。李滉は、朱注の『易』の道は「進退存亡の道」を明らかにするという指摘に従い、宣祖に対してこれによって自ら戒めるよう諫言した。李滉は深く宣祖の信任を受け、その声望が高い時には、「経筵に在りて、事に随いて陳戒し、台諫の啓《もう》して、あるいは従わざる者は、皆之れを右《たす》け、上、之れに従わざる無し」[23]というあり様であった。李滉は、『論語』の解釈を用いて宣祖が『易』の道によって自ら恐れ慎むよう導こうと企図したのである。

2　評価的作用

『論語』の経文自体も朝鮮の儒臣が人物評価を行う際によく引用され、評価的作用を発揮した。このような例は、朝鮮時代を通じて少なからず見られるが、ここではその一例だけを引いておこう。一五二〇年九月一三日付の『中宗実録』に以下のような記載が見られる[24]。

御夕講に『論語』を講ず。特進官金世弼曰く、「此云う、『君子の過つや、日月の食の如し。過つや、人皆之れを見、改むるや、人皆之れを仰ぐ』と。人は堯舜に非ざるなり。何ぞ能く事毎に善を尽くさん。匹夫と雖も、過ち有れば則ち思いて之れを改めんと要《ほっ》す。況んや人主の億兆の上に処るをや。人主過ちて能く改むれば、則ち百姓の之れを仰ぐこと、豈に啻《た》だに日月の光明の若きのみならんや。近来朝廷更化の事多し。変ずと雖も、豈に能く尽く其の中を得んや。五六年を去るの間、自上鋭意に治を思い、新進事を喜ぶの人、争いて古を好むの説を以て用いられんとして、祖宗の旧章を変更し、此れに従いて乱る。大臣、其の弊を見ると雖も、敢えて発言せず。其の弊は上下乖離し、情意通ぜず、終に之れを救う莫きに至る。已むを得ずして朝廷改変を処置す。然れども豈に能く中を得て後弊無からんや。

このように儒臣金世弼（一四七三―一五三三）は、『論語』子張篇の「君子の過」章を引いて、中宗に対して、趙光祖（一四八二―一五一九）や金湜（一四八二―一五二〇）などの人材を用いることが不適切であることをそれとなく諫め、同時に当今の政治家の人物評価を行ったわけだが、そのことが中宗が直ちに人事任免を行う原因ともなっていることが分かるであろう。

以上取り上げた君臣対話の実例を通して、『論語』が一四世紀から一九世紀にかけて朝鮮の宮廷政治において評価的作用を発揮し得たことを確認したが、その最も大きな原因は、朝鮮の君臣が、彼らの時代の実際の政治状況の中で、問題意識を抱いて『論語』の思想世界に分け入り、かなり「自由」に『論語』を読み、そこに現代的意義を見出そうと努め、往々にして『論語』本来の文脈を逸脱してまでそこに政治的意味を掘り起こしていった点にあったのではなかろうか。

四　結論

本章では、一四世紀から一九世紀にかけての朝鮮の君臣間で展開された『論語』をめぐる議論の幾つかの例を分析し、東アジアの儒者が経典を解読する際の重要な特徴――解釈即運用という点について明らかにした。五〇〇年にわたる朝鮮時代において、君主側も臣下側もどちらも『論語』に解釈を施し、また『論語』を彼らが生きていた時代の具体的な政治問題の上に運用した。

東アジアの儒者の経典解釈学に見られるこのような「解釈即運用」という伝統のもと、朝鮮の儒臣が国王のために行った『論語』の講釈は、現代言語哲学の「言説行動理論」のいう言説の三つの段階に及んでいたと見ることができる。つまり、彼らは単に経典中の「言内の意」(locutionary intention)を講釈するだけでなく、さらに経典の言葉の「言外の意」(illocutionary intention)及び「言後の意」(perlocutionary intention)をも掘り起こそうと心がけたのである。[25] 経典中の「言外の意」と「言後の意」を明らかにすることによって、朝鮮の儒臣は、『論語』という経典を彼らの生きている時代に引きつけて理解することが可能となり、政治的な脈絡の中で、孔子の言葉から現代的な意義を読みとっていったのである。これはガダマーの言う「自我理解」の方式とみなすことができよう。[26] 彼らが展開した『論語』の読解は、確かに政治行為の一種であり、政治目的のために経典を読むもので、本質的には政治的な経典読解であった。このような経典読書法のメリットは、読書が単なる語句の注釈レベルにとどまらず、経典から現代的意義を汲み取ることができることであり、こうして朝鮮の国君は朝廷に座して道を論じ、理想的な政治を実現することが可能となったのである。しかしながら、朝鮮の君臣が五〇〇年にわたって『論語』を読んできた経験を見ると、彼らの政治的読書法は、往々にして彼らの視野を覆い、限定してしまい、孔学の思想世界が内包している深遠な超越的な意義を閑却してしまうことにもなった。

朝鮮の君臣のこのような「解釈即運用」という経典読書法は、『論語』という経典が持っている「指導性」と「評価性」という二種類の政治作用を五〇〇年にわたる朝鮮の宮廷政治の中で発揮した。『論語』は、単に朝鮮時代の政治的動向を導く指針となっただけでなく、政治の浮沈を反映した温度計の役割も果たし、さらにまた政務の可否を評定し、人物のよしあしを評価する際の規準となるものでもあったわけであったが、それがもたらす得失もこの点にあったと言えよう。

［注記］本章の初出は、張伯偉編『域外漢籍研究集刊』第七輯（中華書局、二〇一一年）、三一一四頁に所収。本書に収録するに当たり、大幅に修正を加えた。

注

（1）ウンベルト・エーコ（Umberto Eco）は、「テキストの解釈」（interpreting a text）と「テキストの使用」（using a text）とを区別している。エーコ等著・王宇根訳『詮釈与過度詮釈』（生活・読書・新知三聯書店、一九九七年）、八三頁。しかしながら、東アジアの経典解釈の伝統では、「テキストの解釈」と「テキストの使用」は、常に入り混じって一体となっており、ことさら区別されることはない。実際、経典に対する理解は、ある種の自己理解の過程であり、ガダマー（Hans-Georg Gadamer、1900-2002）は、「芸術作品に対して経験のある人は、誰もがこの経験のすべてを彼自身の中に納めている。つまり、彼のすべての自己理解の中に納め、このような自己理解の中でのみ、このような経験は彼にとって意味を持つのである」と指摘している。ガダマー「『真理与方法』二版序」、洪漢鼎訳『真理与方法』（第二巻）（時報文化出版公司、一九九五年）、四八五頁。

（2）東アジア思想交流における「思想受容者の主体性」については本書の第一章を参照。

（3）黄俊傑『東亜儒学——経典与詮釈的弁証』（台湾大学出版中心、二〇〇七年）、七六頁。

（4）この点については蔡振豊教授の教示を受けている。ここに謝意を表する。

（5）Martina Deuchler, *The Confucian Transformation of Korea: A Study of Society and Ideology* (Cambridge, Mass. and London: Council on East Asian Studies, Harvard University, 1992), pp. 3-27 を参照。

（6）　Martina Deuchler, *op.cit.*, pp. 89-128.
（7）　『恭靖王実録』巻一、一―二頁、『朝鮮王朝実録』（東国文化社、一九五五―一九六三年、以下に引用する歴代王朝の『実録』はいずれもこの版本による）第一冊、「定宗」、巻一、元（一三九九）年己卯正月、一四三a―一四三b、所収。
（8）　『純宗淵徳大王実録』巻一〇、四七―四八頁、『朝鮮王朝実録』第四七冊、「純祖」、巻一〇、七（一八〇七）年丁卯一二月、五九四b―五九五a、所収。
（9）　『中宗誠孝大王実録』巻四〇、二二―二三頁、『朝鮮王朝実録』第一五冊、「中宗」、巻四〇、一五（一五二〇）年庚辰閏八月、六八三b―六八四a、所収。
（10）　黄俊傑「論東亜儒家経典詮釈与政治権力之関係――以『論語』・『孟子』為例」、『国立台湾大学歴史学報』第四〇期（二〇〇七年一二月）、一―一八頁、黄俊傑『東亜文化交流中的儒家経典与理念――互動、転化与融合』（台湾大学出版中心、二〇一〇年）、第六章、一二一―一三九頁・Chun-chieh Huang, *East Asian Confucianisms: Texts in Contexts* (Göttingen and Taipei: V&R Unipress and National Taiwan University Press, 2015), chapter 1, pp. 25-40.
（11）　『漢書』巻八四、「翟方進傳第五十四」。
（12）　『粛宗顕義大王実録』、巻三、三九頁、『朝鮮王朝実録』第三八冊、「粛宗」、巻三、元（一六七五）年乙卯四月、二六八a、所収。
（13）　金相五「党争史의立場에서본李珥의文廟従祀問題（党争史の立場から見た李珥の文廟配祀問題）」、『全北史学』四（一九八〇年一二月）、一七五―一八七頁。
（14）　同右。
（15）　『仁祖荘穆大王実録』、巻一、三五頁、『朝鮮王朝実録』第三三冊、「仁祖」、巻一、元（一六二三）年癸亥四月、五一八a、所収。
（16）　『粛宗顕義実録』、巻三、三三頁、『朝鮮王朝実録』、第三八冊、「粛宗」、巻三、元（一六七五）年乙卯四月、二六五a、所収。
（17）　『宣宗昭敬実録』、巻三、六頁、『朝鮮王朝実録』、第二一冊、「宣祖」、巻三、二（一五六九）年己巳四月、二〇四b、所収。
（18）朱熹『論語集注』、『四書章句集注』巻七、一五五頁。
（19）胡広『論語集注大全』、厳霊峰編『無求備斎論語集成』（芸文印書館、一九六六年）、第七函、第六冊、巻一四、「憲問一四」、二七頁、所収。
（20）『宣宗昭敬実録』、巻三、八頁、『朝鮮王朝実録』、第二一冊、「宣祖」、巻三、二（一五六九）年己巳四月、二〇五a、所収。
（21）同右。
（22）『宣祖大王修正実録』、巻二、一〇頁、『朝鮮王朝実録』、第二五冊、「宣祖修正実録」、巻二、元（一五六八）年戊辰、四一二a、所収。
（23）同右。
（24）『中宗誠孝実録』、巻四〇、三三頁、『朝鮮王朝実録』、第一五冊、「中宗」、巻四〇、一五（一五二〇）年庚辰九月、六八九a、所収。
（25）「言説行動理論」は、オースティンによって提出されたものである。J. L. Austin, *How to Do Things with Words* (Cambridge: Harvard University Press, 1962) 及び J. L. Austin, "Performative Utterances", in A.P. Martinich ed., *The Philosophy of Language* (New York: Oxford University Press, 1996, 3rd edition), pp. 120-129, John R. Searle, *Speech Acts: An Essay in the Philosophy of Language* (Cambridge: Cambridge *University* Press, 1969)、及び John R. Searle, "A Taxonomy of Illocutionary Acts," in K. Gunderson ed., *Language, Mind, and Knowledge* (Minneapolis: Minnesota University Press, 1975), pp. 344-369 を参照。
（26）注（1）を参照。

第五章　東アジアの世界から見た江戸時代の儒者の倫理学的立場

一　はじめに

江戸時代の儒者の倫理学的立場は、もちろんそれぞれ異なっているわけだが、彼らの主流は明らかに「実効倫理学」に傾いており[1]、特に古学派と徂徠学派の儒者においてその傾向が際立っていた。江戸儒者の多くは、「実効倫理学」の立場に基づき、「功業」(achievement)が「徳行」(virtue)に優先することを強調し、「実効倫理学」の立場から儒教の核心理念である「仁」や「道」に対して新たな解釈を提示した。こういった現象は、江戸時代の実学思想を背景とするものであって、踏み込んで検討してみるに値する倫理学的問題を含んでいる。

以上の問題を検証するため、本章では、第二節で先ず、東アジア儒学という視野の中で、日本の儒者の管仲論を取り上げ、日本の儒者による「功業」が「徳行」に優先するという主張を分析し、第三節では、日本の儒者の「実効倫理学」の別の一面、つまり「仁」や「道」の実際的効果がその価値理念にはるかに勝っているという観点に分析を加え、第四節では、日本の儒者の倫理学的立場と日本の実学思想との関係について検討し、また日本の儒者の「実効倫理学」に見られる問題にも触れ、最後の第五節で結論を述べたい。

二　「実効倫理学」の立場における「功業」優先論

日本の儒者の「実効倫理学」の立場は、先ず「功業」が「徳行」に優先すると主張する。日本の儒者はそれぞれ一家の言を立て、異なる学派を形成し、互いに批判し合っていたが、彼らには共有するキーワードがあり、それが「人倫日用」であった。よって、江戸時代の儒者の多くは、徳行は必ず功業の中に現れなければならないと考えており、彼らは「善の本質とは何か」とか「善とは如何にして可能か」と言った哲学的問題には関心を示していない。つまり、彼らの多くは、「道義倫理」（deontological ethic）を受け入れないで「功利倫理」（utilitarian ethic）を強調したのである。

日本の儒者の倫理学的立場に「実効倫理学」の傾向が見られることを最も明白に示しているのは、彼らの管仲（紀元前七三〇―六四五）論である。ただ、日本の儒者の管仲論については別稿で詳しく分析を加えているので、[2] 詳しくはそちらを参考にしていただき、ここではその大要を紹介するにとどめたい。日本の儒者の管仲論の大まかな傾向を言えば、基本的に「功利倫理」の立場に立つものである。孔子は「管仲の器は小なるかな」（『論語』八佾篇）と批判しつつも、管仲による「諸侯を九合するも、兵車を以てせず[3]」という功業に対しては、「其の仁に如《し》かんや、其の仁に如かんや」（『論語』憲問篇）と認めているが、孟子になると、管仲は王道を行うことができなかったとの批判が見られるようになる。[4] 朱子は、「管仲は未だ仁人たるを得ず」としつつも、「其の利沢、人に及べば、則ち仁の功有りと」認めている。[5] 江戸時代の日本の儒者の管仲に対する評価と中国の儒者との間には大きな差があり、一七世紀の伊藤仁斎（一六二七―一七〇五）は、管仲の「仁」は、堯舜の「仁」には及ばないが、本質的に同じ「仁」であると認め、[6] 荻生徂徠も管仲の事功は「大器」と称すべきものだと認め、[7] 松村九山（一七四三―一八二二）も、管仲は「仁者」と称することができると説き、[8] 東条一堂（一七七八―一八五七）も、管仲を、その「利沢恩恵、遠く後世に被《およ》び、豊功偉績」の「大功」によって仁者と称すべきだと讃えている。[9]

日本の儒者の管仲評価の主流意見は、管仲の功業を評価するもので、管仲の心情や徳行を評価するものではない。日本儒者のこのような「実効倫理学」の立場は、朝鮮時代（一三九二―一九一〇）の朝鮮の儒者の意見とも遥かに呼応するものである。朝鮮の儒者は皆、管仲は覇者の術を行ったとしつつも、その政治的業績は讃えている。一八世紀の朝鮮儒学の大家丁若鏞（茶山、一七六二―一八三六）は、朱子による管仲批判に異を唱え、「事功の成す所」によれば、彼はまさに「仁」者と称すべきだと強調している。[10] 日本の儒者が採用した「実効倫理学」の立場は、内に隠れた心の問題よりも、外に現れた政治事業の方を重視させることとなった。この点は、宋代以後の中国の儒者が採用した「心情倫理学」の立場と鮮明な対比をなしていると言える。

さらに踏み込んで日・中の儒者の倫理学的立場を比較・対照するために、唐の太宗（五九八―六四九）を例に取り上げ、分析を加えてみたい。唐の太宗李世民は、玄武門事変の後に皇位を得、「貞観の治」を達成し、その名を歴史に留めた人物であるが、この人物に対する評価が日本の儒者と朱子とでは水と油のごとく完全に対立し、「実効倫理学」と「心情倫理学」との差異が顕著に表れている。

日本の儒者が唐の太宗を論じる場合、唐の太宗の政治的功業に注目し、それを高く評価している。西島蘭渓（一七八〇―一八五二）は、「唐の太宗文皇帝は、創業守成、一代の英武の賢君なり」と讃えている。(11) 荻生徂徠の弟子太宰春台（一六八〇―一七四七）も、唐の太宗の文才と功業を評価し、「秦漢より而下、人主の文辞有りて其の英烈を失わざる者は、唯だ漢の世祖、唐の太宗を然りと為すのみ」と讃えている。(12) 長野豊山（一七八三―一八三七）も唐の太宗を高く評価し、「人主の徳は人を知るに在り。而して人を知るは、堯舜も之を難しとす。況んや其の他をや。至愚の君は必ず己に媚びる者を悦ぶ。故に人主の能く其の己に媚びざる者を悦ぶは、また以て英明と為すべし。唐の太宗の如き、是なり」と語っている。(13) このように、日本の儒者による唐の太宗論を概観すると、唐の太宗の功業と文才に注目し、結果として得られた成果の方を讃えて、その背後にある心持ちが邪悪なものであるか正しいものであるかという問題については追求されていない。

日本では、儒者が唐の太宗の功業を高く評価しただけでなく、将軍も、呉競（六七〇―七四九）が編纂した唐の太宗と群臣とによる政治の得失に関する議論である『貞観政要』をこの上なく重視している。徳川家康（一五四二―一六一六）は、一五九三年、まだ日本統一を実現していない段階で、藤原惺窩（一五六一―一六一九）を招き、惺窩に『貞観政要』を講義させている。一六一四年、徳川家康は五山の僧侶に命じて、『貞観政要』の中から公家・武家に関わる法規を集めさせており、第三代将軍徳川家光（一六〇四―一六五一）は、一六二四年に儒臣林羅山（一五八三―一六五七）に『貞観政要』の講釈をさせ、改革派儒臣の新井白石（一六五七―一七二五）も『貞観政要』を五代将軍徳川綱吉（一六四六―一七〇九）に献上している。また朱子学者の室鳩巣（一六五八―一七三四）も、命を受けて八代将軍徳川吉宗（一六八四―一七五一）に『貞観政要』を講義している。こうした事実から、『貞観政要』及び唐の太宗の功業が、日本の儒臣が歴代将軍のために実施する講学活動において、必ず取り上げられるテーマであったことが理解出来る。(14)

日本の儒者と比較すると、朱子の唐の太宗に対する批判は、明らかに「心情倫理学」の立場に立ったものである。朱子は唐の太宗の功業を「能く其の民を富ますは則ちこれ有り。教えに至りては則ち猶未だ及ばざるなり。又安んぞ能く其れをして民を化して仁に一ならしめんや(15)」と語っているが、この言葉から分かるように、朱子が唐の太宗を「仁」者として評価できないと見なした最も根本的な理由は、唐の太宗の「心」持ちが正しくないということであった。朱子は陳亮（同甫、一一四三―一一九四）と王霸の区別を議論しているが、そこで次のように指摘している。(16)

太宗の心は、則ち吾、其の一念の人欲に出でざる無きを恐る。直《た》だ其の能を以て仁を仮り、義を借りて以て其の私を行う。而して当時之と争う者は、才能・知術既に其の下に出で、又仁義の借るべき有るも知らず。是を以て彼、此より善くして以て其の功を成し得るのみ。

このように、朱子は、唐の太宗の「心」は「一念の人欲に出でざるなき」ものであり、よって、唐の太宗の「心」は、「道」と「合して一となる」ことができないのだと批判する。朱子はまた次のように指摘している[17]。

夫れ人は只だ是れ這箇《こ》の人、道は只だ是れ這箇の道、豈に三代・漢・唐の別有らんや。但だ儒者の学伝わらざるを以て、而して堯・舜・禹・湯・文・武以来、転相授受の心、天下に明らかならず。故に漢唐の君、あるいは暗合の時無きこと能わずと雖も、而れども其の全体は却て只だ利欲上に在り。此れ其の堯・舜・三代は自ら堯・舜・三代、漢祖・唐宗は自ら漢祖・唐宗にして、終に合して一となす能わざる所以なり。今若し必ず限隔を撤去し、古も無く今も無からんと欲すれば、則ち深く堯舜相伝の心法、湯武之れに反るの功夫を考え、以て準則と為して諸れを身に求むるに若くは莫し。

朱子は、唐の太宗は「心」持ちが正しくなかったから「道」を離れてしまい、よって彼が達成した功業も王道とは言えず、覇道に過ぎなかったと考えている[18]。李明輝（一九五三―）氏が指摘しているように、朱子は「道」の理想性を強調したがために、漢の武帝や唐の太宗を覇者と見なし、一方、陳亮は「道」の現実性を強調したがために、漢の武帝や唐の太宗を王道に合していると見なしたと理解することができよう[19]。

朱子が唐の太宗を批判する時に採った哲学的立場は、明らかに観念論（idealism）の立場に傾いており、この世の万事万物は、政治的功業を含めて全て歴史上の行為者の「心」持ちと密接に関わっているとする理解を前提としている。朱子は、「天下の事、其の本は一人に在りて、一人の身、其の主は一心に在り。故に人主の心一たび正しければ、則ち天下の事、正しからざること有ること無く、人主の心一たび邪なれば、則ち天下の事、邪ならざること有ること無し」と堅く信じている。[20] よって、マックス・ヴェーバー（Max Weber、一八六四―一九二〇）の言葉を用いれば、朱子は政治人物（唐の太宗）の「心情倫理」（ethic of intention）を「責任倫理」[21]（ethic of responsibility）よりも重要だと強く主張しているわけである。もし朱子が唐の太宗を評価するときに採った「心情倫理学」の立場と対比させるならば、日本の儒者が管仲や唐の太宗を評価する時に、徳行よりも功業の方を重んじているのは、彼らが「実効倫理学」の立場にあることをはっきりと示していると言えよう。

日本の儒者と朱子、両者の倫理学を比較すると次のことに気付くであろう。日本の儒者は、「実効倫理学」の立場を取り、行為の「結果」の方が行為者の「心の持ちかた」よりも重要だと主張し、また「善」であるかどうかを判断する基準は、それが実益を生み出しているかどうかという点に置かれていた。日本の儒者は、基本的に「気一元論」的立場から、行為者の「心」と行為のもたらす「効果」との間には必然的な関係はないと考えた。それに対して朱子は、「理」は聖人の「心」から「流れ出す」ものであり[22]、世界の万事万物は「気」として、必ず「理」によって統括されなければならないと考えた。朱子は、「理気二元論」から「倫理二元論」を導き出し、「人欲」と「天理」は人の生命において常に対立し、緊張関係にあることを強調した。よって、朱子は、「心の持ちかた」が「実効」に優先すると主張したわけである。一方、日本の儒者は「気一元論」の立場をとり、宋儒の所謂「気質の性」という視点から人の本性を考え、伊藤仁斎は、孔孟の人性論は「皆生れながらの質に就きて之を論じ、理を以て之に当つるに非ざるなり」と指摘している。[23] 一九世紀の山田方谷（一八〇五―一八七七）に至っては、「気が理を生ず」とする説まで打ち出している。山田方谷は言う。「宇宙の間は一大気のみ。唯だ此の気有るが故に此の理を生む。気、理を生ずるなり。理の気を制するに非ざるなり」[24]。伊藤仁斎の「天地の間は一元気のみ」[25]という主張は一貫して受け継がれ、山田方谷の「宇宙の間は一大気のみ」という主張に至っている。日本の儒者の思想世界においては、「理気二元論」はすでに「気一元論」によって骨抜きにされ、ここでは、当然のことながら、あらゆる「善」が現実の世界の次元でのみ考えられることとなっている。日本の儒者が「善」の「結果」を「心持ち」よりも重要だと主張したのは、当然の帰結であったと言えよう。

三　「実効倫理学」の立場における儒教の「仁」と「道」

日本の儒者の「実効倫理学」の立場は、歴史人物を評価する際に、「徳行」よりも「功業」に注目するという姿勢にだけでなく、儒家思想における重要概念である「仁」や「道」に対する解釈にも現れている。

東アジアの儒教伝統における最も重要な道徳概念は「仁」である。「仁」という字は、『論語』全五八章の中に一〇五回も登場する。中国儒学史における「仁」の意味は、大きく次の四つに分類できるであろう。(一)身心が落ち着く拠り所としての「仁」、(二)生生としてやむことのない価値判断能力としての「仁」、(三)社会倫理としての「仁」、(四)政治事業としての「仁」。前の二つは、「仁」の「内在範疇」に属し、後の二つは、「仁」の「外在範疇」に属す。儒者は、「仁」は必然的に内外二つの範疇を貫通しており、「仁政」は必ず「仁心」を基礎としなければならないと主張した。先秦儒家の「仁」学は「修身」から始まり、一層一層推し広めて行き、己を修めて人を安んじ、民衆を安んじ、内と外とに隔たりはなく、両者ともに修めていくものである。南宋に至ると、朱子が孝宗の乾道九（一一七三）年に著した「仁説」、また『四書章句集注』・『四書或問』及び「克斎記」の中で、「仁」を「心の徳、愛の理」と解釈し[26]、さらに「仁なる者は、天地の物を生ずる所以の心[27]」と説いて、「仁」概念を宇宙論的あるいは形而上学的な次元にまで高めた。

江戸時代の多くの儒者は、中年以前には朱子学的世界に浸っていたわけだが、朱子の「仁」説が日本に伝わると、日本の儒者は一致してそれに批判を加えている。日本の儒者の朱子に対する批判は、極めて鮮明に彼らの「実効倫理学」の立場を表明している。

中国儒学の伝統では、孔子（紀元前五五一―四七九）と弟子が「仁」を語る場合、特に「仁を行う方法」を重視し[28]、「仁の意味を解釈」することには重点を置かなかった[29]。南宋の朱子は、「理気二元論」に基づいて「倫理二元論」の立場を採り、「仁を求むる所以の者、蓋し また多術なり。而れども一言以て其の要を挙ぐるに足る。曰く、『己に克ち、礼に復る』のみ」と主張した[30]。

江戸時代の日本の儒者が朱子の「仁」説を批判する時、中国朱子学の「理は事上に在り」という観点を「理は事中に在り」という観点へと転換させ、「存在」（existence）そのものの中に「本質」（essence）を探ろうとした[31]。朱子は「仁」を「愛の理」と見なし、形而上学を基盤として倫理学を構築していったが、日本の儒者は共通してこのような朱子学的立場を拒否した。日本の儒者が関心を持っていたのは、「仁」は如何にして人倫日用の中で実践されるのかという問題であった。一七世紀の貝原益軒

（一六三〇—一七一四）は、「仁を為すの道は、人倫を厚くするに在るのみ」と主張した。[32]一八世紀の豊島豊洲（一七三七—一八一四）も、「仁説」と題する文を著し、宋儒は「専ら仁を以て性の完具する所と為し、竟に夫の外形、物に及んで形を見《あらわ》し、しかる後に仁の名、始めて成るを弁ぜず」と批判した。[33]朱子の仁説に対する批判の最も代表的なものは、もちろん一七世紀末から一八世紀初に活躍した古文辞学派の開祖荻生徂徠（一六六六—一七二八）によるものである。徂徠は言う。「仁とは、人に長たりて、民を安んずるの徳なり」[34]。また次のようにも言う。「孔門の教、仁を至大と為すは何ぞや。能く先王の道を挙げて之を体する者は仁なればなり。先王の道は、天下を安んずるの道なり」[35]。徂徠による朱子学的「倫理二元論」に対する批判について言えば、丸山真男（一九一四—一九九六）が「（徂徠学は）あらゆる意味における朱子学のアンチテーゼであった。合理的な天道は非合理的な天命に置きかえられた。「窮理」の能力には停止が命ぜられた。聖人は一般人から異質的な存在となった。規範と自然の連続性は絶たれリゴリズムは破棄された。治国平天下は修身斉家から独立した。かくして朱子学の連続的思惟はここに全く分解し夫々独自化した」[36]と指摘している通りである。徂徠は、朱子が関心を持っていた「『仁』は如何にして可能か」という問題を「『仁』にはどのような政治的実益」があるのかという問題に置き換えたのであり、ここには確かに強烈な功利主義的傾向が見られる。

江戸時代の儒者の「実効倫理学」の立場は、彼らの「道」に対する解釈の上にも表れている。孔子は「道に志し、徳に拠り、仁に依り、芸に遊ぶ」（『論語』述而篇）ということを「君子」の理想として掲げており、孔門の弟子の有子は、「君子は本を務む。本立ちて道生ず。孝弟は其れ仁の本たるか」（『論語』学而篇）と指摘している。このように中国の儒家にとっての「道」とは、内外両面を併せ持つものであったが、結局それは「修身」を起点とするものであった。

一方、江戸時代の儒者が孔子の「道」を語る場合、特に人倫日用の効用を重んじている。伊藤仁斎は「道」を「人倫日用当に行うべきの道」と定義し[37]、また「若し夫れ人倫を外にして道を求めんと欲すれば、猶風を捕え影を捉えんとするがごとく、必ず得べからず」と指摘している[38]。荻生徂徠になると、道はさらに次のように解釈されることになる[39]。

道なる者は統名なり。礼楽刑政凡そ先王の建つる所の者を挙げて、合せてこれに命《なづ》くるなり。礼楽刑政を離れて別にいわゆる道なる者あるに非ざるなり。

徂徠はまた次のようにも言う[40]。

大抵先王の道は外に在り、その礼と義とは、みな多くは人に施す者を以てこれを言う。〔……〕故に先王の教えは、ただ礼を以て心を制することあるのみ。これを外にして妄作するは、あに杜撰ならずや。

仁斎と徂徠の理解した「道」とは、特に「道」の社会政治的作用を重んじるものであり、ここには明らかに「実効倫理学」の立場が露呈していると言えよう。

四　江戸実学思想の系譜における実効倫理学とその問題

ついで、江戸時代の儒者の「実効倫理学」の思想的系譜について検討を加えてみよう。一言で言えば、日本の儒者の「実効倫理学」は、江戸時代の実学思想の中に浸透していたものである。

源了圓（一九二〇―）氏の研究によれば、近世日本の実学思想は主に儒者によって構築された[41]。「実学」とは、人が追求する真実の学問であり、また道徳実践の学問、あるいは政治を主とする実用的な学問でもある。「実学」の「実」という字は、realであるとともにtrueでもあり、「実践的」という意味での実学と「実証的」という意味での実学という二つの類型を包括するものである。前者はさらに二つの類型に分けることができ、一つは個人的レベルでの「道徳実践の実学」であり、もう一つは「政治実践の実学」あるいは「経世済民の実学」である[42]。源了圓氏は、荻生徂徠は実証性のある実学を構築したと見ている[43]。日本の儒者が主張する「実効倫理学」は、まさにこのような実学思想の潮流の中で形成されたものなのである。

日本の儒者の「実学」としての「実効倫理学」は、以下に指摘するような二つの特徴を示している。一つ目の特徴は、日本の儒者が採用した思惟方法が反形而上学的（anti-metaphysical）思惟方式であり、彼らは、朱子学が「気」の世界とは別に、「形而上の道」としての「理」の世界を打ち立てているのを受け入れられなかった[44]。彼らは「気一元論」によって朱子学の「理気二元論」を打ち壊そうとした[45]。その代表的なものが伊藤仁斎の学説である。仁斎は次のように指摘している[46]。

何を以て天地の間は一元気のみと謂う。此れ空言を以て暁すべからず。請う譬喩を以て之れを明らかにせん。今若し版六片を以て相合して匣《はこ》を作り、密するに蓋を以て其の上に加うれば、則ち自ら気其の内に盈つる有り。気其の内に盈つること有れば、則ち自ら白醭を生ず。既に白醭を生ずれば、則ち又自ら蛀蟫を生ぜん。此れ自然の理なり。蓋し天地は一大匣なり。陰陽は匣中の気なり。万物は白醭蛀蟫なり、是れ気なり。従りて生ずる所無く、また従りて来る所無けれども、匣有れば則ち気有り。匣無ければ則ち気無し。故に天地の間、只だ是れ此の一元気のみなるを知る。見るべし、理有りて後斯の気を生ずるに非ざることを。所謂理なる者は、反って是れ気中の条理のみ。

仁斎は、「気」の外に「理」はないとする哲学的立場を採り、「理」は「反って是れ気中の条理のみ」と主張し、朱子学の「理は気上に在り」とする観点を「理は気中に在り」とする観点へと転換させ、朱子学的倫理学の形而上学的基礎を根底から解体した。だからこそ、仁斎は忌憚なく「夫れ道なる者は、人の人為る所以の道なり」とか「俗は即ち是れ道なり」などと唱えることが可能となったのである。(47)

二つ目の特徴は、日本の儒者の「実効倫理学」が本質的には反観念論的（anti-idealistic）倫理学であるという点である。この倫理学の特質は、荻生徂徠の見解の中に最も鮮明な形で表現されている。先に指摘したように徂徠は「礼を以て心を制する」ことを主張し、人の「心」は外在の規範によって矯正すべきだと考えた。彼が歩んだのは荀子の路線であり、荀子は「今、人の性は悪にして、必将《かなら》ず師法を待ちて然る後に正しく、礼義を得て然る後に治まる」と説いている。[49] 徂徠と荀子とはもちろん会ったこともなく、生まれた国も異なっているが、互いの心は通い合っていたと見ることができよう。
徂徠の弟子の太宰春台（一六八〇―一七四七）は、徂徠の「反観念論的」倫理学の立場をさらに徹底させている。太宰春台は『聖学答問』を著し、「義を以て事を制し、礼を以て心を制す」という観点を強調している。[50] 春台は、「先王の天下を治むるや、修身を以て本と為し、礼義を以て外を治め、未だ心を治むるの説を聞かず」と理解し、「内心の如何を論ぜず、外在の礼義を守護《まも》りて犯さざる者は、君子なり」とまで断言している。[51] 春台は、人「心」と「世界」との関係を断ち切り、専ら「仁」の外在的事功という効果の面にのみ注目する。春台は次のように孔子の「仁」を解釈している。[52]

仁なる者は徳なり。内に蔵れて見難し。故に惟《た》だ事功上において之を見るのみ。夫子の常に其の仁を知らずと言うは、意皆此くの如し。孔子、仁を以て教えと為す。門人誰れか力行せざる者あらん。況んや仲弓は孔門の高弟なり。夫子、何ぞ其の仁なるを知らざらん。惟だ其の徳有りて未だ其の功を見ざれば、則ち夫子もまた敢えて軽がるしく其の仁に与せざるのみ。

また次のようにも言う。[53]

仁は乃ち凡百の君子の志す所、夫子何ぞこれを敢てせざらん。蓋し孔子の仁を言うや、必ず事功を以て言う。『論語』中の仁を論ずる諸章を観れば見るべし。夫子、平日敢えて軽がるしく人に仁を与《ゆる》さざるに、其れ敢て軽がるしく自ら許さんや。夫れ君子は仁心有りと雖も、苟くも其の事を行わざれば、何を以て仁の功を見ん。苟しくも仁の功を見ざれば、則ち敢て軽がるしく其の仁を称せざるなり。

上に引用した二つの例は、春台が特に「仁」の効用を重んじていた事実を明白に示しており、また「功業」の方が「心の持ちかた」に優先するという「実効倫理学」の立場もよく示している。

ここに来て、我々は日本の儒者の「実効倫理学」がどのような問題をはらんでいるのかという点について問いかけることができるであろう。

この問題に関して、我々は以下の二つの点を提起することができるであろう。まず、日本の儒者は、「実効倫理学」の立場をとっているため、道徳が手段化してしまう危険を免れないのではないかという点である。徳行の「内在的価値」(intrinsic value) は、日本儒者の論述においては往々にして閑却されている。

本章の第二節で、日本の儒者と朱子の管仲と唐の太宗に対する評価を比較し、日本の儒者が朱子学における「善は如何にして可能か」という問題を「善行はどのような実益を生み出すことが可能か」という問題に転換させてしまっていることを確認した。日本の儒者は、管仲と唐の太宗の政治的功業を高く評価し、彼らの心のあり方が善良であったかどうかについては問題にしなかった。彼らは、ある行為がもし「利択恩恵」[54]を生み出すことができるのであれば、それを善行だと認めた。彼らは、行為が善か悪か、正しいか間違っているかの評価は、その行為がもたらす結果によって決まると考えた。

よって、日本の儒者においては、管仲と唐の太宗の功業を評価するあまり、この二人の人物の人格的な欠点の方は無視され、論じられることはなかった。日本の儒者の「実効倫理学」においては、ただ行為の結果が問われるのみで、行為の過程や本質については論じられることがなかった。よって、彼らの倫理学は、往々にして政治学に堕してしまい、倫理学としての機能を喪失する側面があるのを否めない。

次に、上に挙げたような問題のために、日本の儒者の「実効倫理学」においては、人類の理想と現実とが混同して説かれ、「である」(to be)(事実)と「あるべき」(ought to be)(価値)の境目が曖昧となり、政治判断の上では「王霸同質論」の立場がとられ、中国の北宋時代の功利学派の李覯(一〇〇九—一〇五九)、王安石(一〇二一—一〇八六)の思想と呼応する傾向が見られる。[55]

総じて日本の儒者の倫理学は、「実効」を重んじて「心のあり方」を軽視しているため、徳によって歴史を評価することができず、往々にして歴史的結果によって人間の価値を測る結果となっており、「理想」を「現実」のために犠牲にし、生命の高潔さと深みを失い、人間を「一次元の存在」(one-dimensional man)に貶めてしまっているのではないかと思われる。

五　結論

本章では、日本の儒者の倫理学の特質及び其の問題点について検討を加えた。本章の分析を通して、以下のような点が明らかになったであろう。

その一、江戸時代の儒者は、多くの流派に分かれ、その思想も互いに異なっているが、彼らの大多数は「実効倫理学」の立場をとっており、朱子が堅持した「心情倫理学」と強烈な対照をなしている。日本の儒者の「実効倫理学」の核心的問題は、「善行はどのような効果をもたらし得るか」という点にあり、「善の本質（essence）とは何か」とか「善は如何にして可能か」ということは問題になっていない。日本の儒者（特に古文辞学派の荻生徂徠と太宰春台）は、普遍必然性を有する道徳は必ず日用常行あるいは政治の中に具現しなければならないと主張する。伊藤仁斎は、人倫日用の中で『論語』を崇敬し、「最上至極宇宙第一の書」と見なした[56]。荻生徂徠は、「孔子の道」を「安民」だと解釈し[57]、太宰春台は、「仁」は「惟だ事功上において之を見るのみ[58]」と主張したが、これらは何れも同じ思惟様式の異なる表現に他ならない。江戸時代の儒者が、「善」を「安民」や「事功」と同等のものだと見なしている点について言えば、彼らはムーア（G. E. Moore、一八七三―一九五八）の言う倫理学の「自然論的錯誤」（the naturalistic fallacy）を犯していると見なすことができる[59]。宇宙論あるいは形而上学の角度から見ると、日本の儒者の多くは「気一元論」の立場から中国朱子学の「理気二元論」と「倫理二元論」を批判した。彼らは朱子学の「理は事上に在り」という観点を「理は事中に在り」という観点へと転換させた。

その二、日本の儒者は、「実効倫理学」という鋭利なメスを手にして、宋儒（特に朱子）が構築した哲学の殿堂に踏み入り、朱子倫理学の形而上学的基礎を解体切除することに成功した。よって、日本の儒者は、「効用（用途）」という立場から「仁」と「道」とに新たな解釈を施すことができ、儒学を単なる「概念の遊戯」（intellectual game）ではなく、実際的な働きを持った、源了圓氏の言う「実証的意味での実学」となした。日本の儒者は、このような「実効倫理学」は true であるのみでなく、real でもあると考えた。「実効倫理学」は行為の実益を重視するものであるが、江戸時代日本の儒者の「実効倫理」は、「最大多数の最大幸福の追求」を重視したベンサム（Jeremy Bentham、一七四八―一八三二）の言う「量の利益論」を重視するとともに、「快楽あるいは幸福の質は、量よりもさらに重要である」と主張したミル（John Stuart Mill、一八〇六―一八七三）の説く「質の利益論」をも重視するものでもあった[60]。

その三、江戸時代の日本の儒者は、宋儒の倫理学が有する超越的な哲学殿堂を見事に破壊してのけたが、それは「善」あるいは「善行」をそれ以外の目的（例えば「安民」）を達成する手段にしてしまうことであり、結果として「善」や「善行」の内在的価値[61]（intrinsic value）を晦まし、「善」や「善行」から主体性や自主性を奪うことにもなっていた。その得失如何については、ここで安易に判断・評価するのは避けることにしたい。

［注記］本章は、二〇一五年八月二〇日・二一日に台湾大学人文社会高等研究院主催の「日本儒学視域中的東亜倫理学」国際シンポジウムで発表した内容である。本書に収録するに当たり、大幅に修正を加えている。

注

（1）本書の第一章、注（33）を参照。
（2）黄俊傑「徳川日本孟子学論弁中的管仲論及其相関問題」、鄭宗義等編『全球与本土之間的哲学探索――劉述先先生八秩壽慶論文集』（台湾学生書局、二〇一四年）、四〇七―四三六頁、所収。
（3）孔子の言う「諸侯を九合す」の「九」を朱子は「糾」と解釈している。一方、清儒の翟灝（？―一七八八）は「九は実数である」と理解する。翟灝『四書考異』、『皇清経解』（清道光九〔一八二九〕年広東学海堂刊本）、第六四函、第四号、巻四六四、所収、九頁。翟灝の説の方が正しいと思われる。
（4）朱熹『孟子集注』、『四書章句集注』、巻三、所収、二二七―二二九頁。
（5）朱熹『論語集注』、『四書章句集注』、巻七、所収、一五三頁。
（6）伊藤仁斎『童子問』、井上哲次郎・蟹江義丸編『日本倫理彙編（古学派の部）』（五）（育成会、一九〇三年）、第五二章、一〇〇頁。
（7）荻生徂徠『論語徴』乙巻、所収、関儀一郎編『日本名家四書註釈全書・論語部五』（鳳出版、一九七三年）、六八頁。
（8）松村栖雲『管仲孟子論』、関儀一郎編『日本儒林叢書続続編・随筆部及雑部』（鳳出版、一九七八年）、第一二冊、一―一七頁、所収。引用文は七頁に見られる。
（9）東条一堂『論語知言』、『日本名家四書註釈全書・論語部六』、四〇三頁。
（10）丁若鏞『論語古今注』「憲問篇」、茶山学術文化財団編『定本与猶堂全書』（茶山学術文化財団、二〇一二年）、第七冊、巻七、所収、一三三―一三四頁。
（11）西島蘭渓『清暑閒談』、『日本儒林叢書・随筆部巻第一』、巻一、所収、一一四頁。
（12）太宰春台『文論・詩論』、『日本儒林叢書続続編・随筆部及雑部』、第一二冊、所収、六頁。
（13）長野豊山『松陰快談』、『日本儒林叢書・儒林雑纂』、第一四冊、所収、五頁。
（14）原田種成『貞観政要の研究』（吉川弘文館、一九六五年）を参照。本書は張崑将教授の教示により参考することができた。ここに謝意を表する。

(15) 朱熹『論語或問』、『四書或問』（上海古籍出版社、二〇〇一年）、巻一三、所収、三一一—三一二頁。

(16) 朱熹「答陳同甫六」、陳俊民編校『朱子文集』（徳富文教基金会、二〇〇〇年）、第四冊、巻三六、所収、一四五八頁。

(17) 朱熹「答陳同甫」、陳俊民編校『朱子文集』、第四冊、巻三六、所収、一四六四頁。

(18) 朱子の中国の歴史理解については拙著『儒家思想与中国歴史思惟』、第六章、一八三—二二二頁を参照。

(19) 李明輝「孟子王霸之弁重探」、李明輝『孟子重探』（聯経出版事業公司、二〇〇一年）、所収、五五頁。

(20) 朱熹「己酉擬上封事」、陳俊民編校『朱子文集』、第二冊、巻一二、所収、三九四頁。

(21) Max Weber, "Politics as a Vocation," in W. G. Runciman ed. and E. Matthews tr., *Max Weber: Selections in Translation* (Cambridge and New York: Cambridge University Press, 1978), pp. 212-225. 湯浅幸孫（一九一七—二〇〇三）氏は、「中国思想史では、春秋公羊学や程朱学の倫理説または宋代以後大衆に根を下ろした通俗道教の倫理説は心情倫理といってよいが」、「儒教の担い手であった中国の知識人」は官僚として必ず行政責任を担っているため、「一般に儒教の倫理説は責任倫理の立場に立つ」と指摘している。湯浅幸孫「心情倫理と責任倫理」の条、日原利国編『中国思想史辞典』（研文出版、一九八四年）、所収、二三〇頁を参照。また、詳しくは湯浅幸孫『中国倫理思想の研究』（同朋舎、一九八一年）を参照。

(22) 『朱子語類』、『朱子全書』（上海古籍出版社・安徽教育出版社、二〇〇二年）、第一七冊、所収、巻九八、三三二一頁。

(23) 伊藤仁斎『論語古義』、『日本名家四書註釈全書・論語部一』（鳳出版、一九七三年）、所収、二五六—二五七頁。

(24) 山田球著・岡本魏校「孟子養気章或問図解」、宇野哲人・安岡正篤監修、荒木見悟等編『陽明学大系九・日本の陽明学（中）』（明徳出版社、一九七三年）、所収、二五八頁。筆者も拙著の中で山田方谷について検討を加えたことがある。Chun-Chieh Huang, *East Asian Confucianisms: Texts in Contexts* (Göttingen and Taipei: V&R Unipress and National Taiwan University Press, 2015), chapter 11, pp. 199-214 を参照。

(25) 伊藤仁斎『語孟字義』、『日本倫理彙編（古学派の部）』（五）、一二頁。

(26) 朱熹「仁説」、陳俊民編校『朱子文集』、巻六七、所収、三三九〇頁。例えば『孟子集注』、巻一、梁惠王章句上、

二〇一頁、『論語集注』、巻一、学而篇、四八頁など。

(27) 朱熹「克斎記」、陳俊民編校『朱子文集』、巻七七、所収、三八六一—三八六九頁。この文は、「仁説」が書かれる一年前の一一七三年に書かれている。

(28) 『論語』雍也篇で孔子は次のように語っている。「夫れ仁者は、己立たんと欲して人を立て、己達せんと欲して人を達す。能く近く譬を取る、仁の方と謂うべきのみ」。

(29) 一一世紀の北宋の儒者楊時（亀山先生、一〇五三—一一三五）は、『論語』で仁が説かれている箇所で、どの部分が最も適切なのかと学生に問われた時、次のように答えている。「皆仁之方也。若正所謂仁、則未之嘗言也」。『亀山先生集』、舒大剛主編・四川大学古籍整理研究所編『宋集珍本叢刊』（線装書局、二〇〇四年）、第二九冊、所収、巻一一、「語録二」、三六八頁上。一八世紀の日本の儒者大田錦城（一七六五—一八二五）は次のように述べている。「〔……〕夫子、弟子の仁を問うに答うるは、皆仁の方たり。而して仁の義を解するには非ざるなり」。大田錦城『仁説要義』、『日本倫理彙編』（折衷学派の部）』（九）、所収、四八八—五三五頁。引用文は五〇四頁。労思光（一九二七—二〇一二）氏も次のように述べている。「孔子が『仁』を語る場合、決して知識として仁を定義しようとしているのではなく、現実に仁を問うている相手に、どのように真に迫った道徳的変化——つまりどのようにしたら仁の境地に入ることができるのかを要求しているのである」。労思光『中国文化路向問題的新検討』（東大図書公司、一九九三年）、二六頁。楊亀山、大田錦城、労思光の説は、いずれも的確に儒家仁学の核心を突いている。

(30) 朱熹「克斎記」、陳俊民編校『朱子文集』、巻七七、所収、三八六一—三八六九頁。

(31) 黄俊傑『東亜文化交流中的儒家経典与理念——互動、転化与融合』（台湾大学出版中心、二〇一〇年）、第三章、六一—八四頁を参照。

(32) 貝原益軒『慎思録』、巻一、『益軒全集』（国書刊行会、一九七三年）、第二冊、所収、四頁。

(33) 豊島豊洲「仁説」、『日本儒林叢書』、第六冊、所収、五頁。

(34) 荻生徂徠『弁名』「仁」第一条、『日本倫理彙編』（六）、所収、三七頁。

(35) 同右、一五頁。

(36) 丸山真男『日本政治思想史研究』(東京大学出版会、一九七六年)、一一五頁。
(37) 伊藤仁斎『語孟字義』巻上、「道」、『日本倫理彙編・古学派の部(中)』(五)、所収、一九頁。
(38) 伊藤仁斎『童子問』第八章、『日本倫理彙編・古学派の部(中)』(五)、所収、八〇頁。
(39) 荻生徂徠『弁道』第三条、吉川幸次郎等編『日本思想大系三六・荻生徂徠』(岩波書店、一九七三年)、所収、一三頁上。
(40) 荻生徂徠『弁名』、「恭敬荘慎独」第四条、『日本倫理彙編』(六)、所収、九八—九九頁。
(41) 源了圓『近世初期実学思想の研究』(創文社、一九八〇年)、序文、五頁。
(42) 同右、五九・六四頁。
(43) 同右、六六—六七頁。
(44) 朱子は次のように指摘している。「天地の間、理有り、気有り。理なる者は形而上の道なり、物を生ずるの本なり。気なる者は、形而下の器なり、物を生ずるの具なり。是を以て人物の生ずるや、必ず此の理を稟けて、然る後に性有り。必ず此の気を稟けて、然る後に形有り」(『朱子文集』、巻五八、「答黄道夫書」、二七九八頁)
(45) 朱子は次のように指摘している。「所謂理と気とは、此れ決して是れ二物。但だ物上に在りて看れば、則ち二物渾淪、分開すべからず。各一処に在り。然れども二物の各一物為るを害せず。〔……〕」(陳俊民編校『朱子文集』、徳富文教基金会、二〇〇〇年、巻四六、「答劉叔文書」、二〇九五頁)ただ、朱子は別に次のようにも語っている。「理も又別に一物為るに非ざるなり。即ち是の気の中に存す。是の気無ければ、則ち是の理もまた掛搭する処無し」(『朱子語類』巻一、中華書局、一九八六年、三頁)。さらに次のようにも言う。「理は事中に在り、事は理外に在らず」(『朱子語類』巻四四、一一四一頁)。労思光氏は、朱子の「理」と「気」の関係を論じて「存在性について言えば、『理』と『気』は決して混同することはできないが、その運行・顕現という点について言えば、『理』と『気』は決して分けることはできない」(『新編中国哲学史』三上、三民書局、一九九三年、二七三頁)。極めて的確な指摘だと思われる。
(46) 伊藤仁斎『語孟字義』、『日本倫理彙編・古学派の部(中)』(五)、所収、一二頁。
(47) 伊藤仁斎『論語古義』、『日本名家四書註釈全書・論語部一』、所収、五〇頁及び一三〇頁。

(48) 荻生徂徠『弁名』「恭敬荘慎独」第四条、『日本倫理彙編』(六)、所収、九八—九九頁。

(49) 『荀子』性悪篇第二十三、金谷治訳注『荀子』(下)(岩波書店、一九六二年)、一八九頁。

(50) 太宰春台『聖学答問』巻下、『日本倫理彙編・古学派の部(下)』(六)、所収、二八五頁。

(51) 同右、二八五頁。「内心は如何にもあれ、外面に礼義を守て犯さぬ者を君子とす」。

(52) 太宰春台『論語古訓外伝』(嵩山房、延享二〔一七四五〕年刻本)、巻五、五頁、上半頁—下半頁。

(53) 同右、巻七、二四頁、上半頁—下半頁。

(54) 東条一堂『論語知言』、『日本名家四書註釈全書・論語部六』、所収、四〇三頁

(55) この点については別に論じたことがあるので、ここでは詳しく取り上げない。注(2)を参照。

(56) 伊藤仁斎『論語古義』、『日本名家四書註釈全書・論語部一』、所収、「總論」、四頁。

(57) 荻生徂徠『論語徴』乙、『日本名家四書註釈全書・論語部五』、所収、八三頁。

(58) 太宰春台『論語古訓外伝』、巻五、五頁、上半頁—下半頁。

(59) ムーア G. E. Moore は「自然論的錯誤」を次のように定義している："'Good,' then, denotes one unique simple object of thought among innumerable others; but this object has very commonly been identified with some other – a fallacy which may be called 'the naturalistic fallacy'."G. E. Moore, *Principia Ethica* (Cambridge: Cambridge University Press, 1960), p. viii を参照。

(60) 筆者はかつて林維杰教授とこの点について議論し、啓発を受けている。ここに謝意を表する。

(61) 「内在価値」の意味については、G. E. Moore, ed. by William H. Shaw, *Ethics: And The Nature of Moral Philosophy* (Oxford: Clarendon Press, 2005), Chap. 7, pp. 116-131 を参照。

第六章　石介と浅見絅斎の「中国」論述とその理論的基礎

一　はじめに

一九世紀の中葉、ヨーロッパ列強が東アジアを侵略する以前においては、中国が東アジア世界における最大の権威であり、東アジア周辺の国家人民にとって不可避の「他者」と見なされていた。よって、「中国をどう理解するか」ということが、歴史上、東アジア各国の知識人が一貫して関心を抱き続けてきた重要問題であった。三〇年くらい前から中国大陸が、政治的・経済的に台頭し始め、それに従って、中国の動向が、ここ一〇年ほど世界の知識世界において関心の的となっている。早くは一九九八年、雑誌『フォーリン・アフェアーズ』が、これまで収録された中国関連の文章を集めて『中国の勃興』という本を編纂・出版しており、[1] 近年も「中国の勃興と帝国主義の記憶」について考える、[2] あるいは「中国による世界の統治」を予想するといった類の著作が増えている。[3] 中国の指導者が「チャイナドリーム」を語る当今、世界の知識世界においても、中国の立場で物申す「中国の代言者」

（いわゆる“Sino-speak”）[4]といった類の人物がたくさん現れているが、しかし、中国の勃興は必然的に国家の強大化・覇権路線に向かい、台湾や世界の脅威になるだろうと悲観的に捉える学者もいる。[5]「中国」という議題は、まぎれもなく、二一世紀の国際政治界及び知識界において無視できない喫緊の問題となっている。

近代以前の東アジア世界では、一七世紀以後になるとさまざまな「中国」論が出現したが、主に二種類の「中国」論述が主流をなし、互いに拮抗していた。第一種の「中国」論述は、中国に太古から存在している中国を中心とする世界秩序観である。その最も完成された論述の代表が、一一世紀の前半の北宋の石介（徂徠先生、一〇〇五―一〇四五）によって著された「中国論」であろう。石介の「中国論」は、歴史上「初めて『中国』をテーマとして書かれた政治論文」である。[6]中国の知識人の筆による「中国論」と称する著述は、民国三二（一九四三）年になって、抗戦が最も熾烈であった重慶で再び登場する。日本の中国侵略により国難が日増しに深刻化する時代にあって、羅夢冊（一九〇六―一九九一）は『中国論』を著し、「我々の国家と民族に対する自己認識あるいは自己再認識の要求」に応じようとした。[7]第二種の論述は、一六世紀頃から日本と朝鮮の知識人の言論中に見られるようになる。一七世紀後半に「崎門三傑」の一人である日本の儒者浅見絅斎（一六五二―一七一一）によって書かれた「中国弁」がその代表的なものである。

本章では、石介の「中国論」と浅見絅斎の「中国弁」を中心として、近代以前の東アジアに存在していた二つの「中国」論に見られる世界観と宇宙観を比較・分析し、その背後にある理論的基盤について考えてみたい。

二　石介の「中国論」とその宇宙観・世界観

石介の「中国論」は、短文ではあるが、構造的に整っており、論旨も明晰である。基本的には中国古来の「中国」に関する自己イメージを継承するものであり、その主要な観点は、以下のように整理できるであろう。

（1）中国は宇宙の中心に位置している。石介の「中国論」は冒頭で次のように述べている。[8]

夫れ天は上に処り、地は下に処り、天地の中に居る者を中国と曰い、天地の偏に居る者を四夷と曰う。四夷は外なり、中国は内なり。天地、之を内外に為すは限る所以なり。

現代の学者は、古代の文献と考古学資料に基づいて、「中国」という言葉は西周の初めに出現したとの見方に概ね同意しているが、[9]「天地の中に居るを中国と曰う」とは、単に古代中国の信仰であるのみならず、古代世界の多くの民族が共に抱いていた宇宙観であり、世界観であった。古代の中国人は、宇宙には一つの中心点あるいは中心軸があると信じており、『呂氏春秋』有始覧には「当枢の下、昼夜無し。白民の南、建木の下、日中影無く、呼べども響き無し。蓋し天地の中なり」とあり、『山海経』にも「柜格の松」という樹木の名が記載されており、[10]古代人が世界の中枢に存在すると想像した宇宙樹の名が見られる。『周礼』考工記には、古人が都城を造営し、「匠人の国を建つるに、地に水するに縣を以てし、槷を置くに縣を以てし、視るに景を以てす。規を為《つく》りて、日出の景と日入の景を識る。昼は諸《これ》を日中の景に参し、夜は之を極星に考え、以て朝夕を正す」というように、地面の中枢を求める記載が見られ、『周礼』大司徒ではそれを「地の中」と称している。[11]『詩経』には「定の方《まさ》に中するとき、楚宮を作る。之を揆《はか》るに日を以てし、楚宮を作る」(国風・鄘風)とあり、古代の中国人が宮城を築く時に地面の中心点を確認していたことが描写されており、ここには神話学者の言う宇宙樹の概念が反映されていることが分かる。古代中国の都市建築について言うと、春秋時代(紀元前七二二—四八一)の都市は基本的に祭祀の中心であり、[12]古代中国文明が「神の世界」と「人の世界」との調和を求めていたことを反映している。[13]

二〇世紀の偉大な神話学者であり宗教史家でもあったエリアーデ(Mircea Eliade、一九〇七—一九八六)は、古代人が認識していた「実在とは天空の祖型の模倣」であると指摘している。エリアーデによれば、「実在は『中心のシンボリズム』にかかわり合うことによって与えられる」のであり、古代人は、「都市・寺院・家屋が『世界の中心』に合一することによって実在的なるものになる」と信じていたのである。古代文明の「儀礼及び顕著な俗的しぐさがそれに属する意義を要求し、その意義を実現するのは、ただそれらが神々・英雄ないし先祖によって創めのときに設定された行為を慎重にくり返」しているからに他ならなかった。[14]古代文明の都市や寺院の多くは「中心」という特殊性を備えており、エリアーデは、このような宇宙の中心としてのシンボリズム体系は、通常、次の三点を含んでいると指摘している。[15]

一、聖なる山――ここにおいて天地が相会う――は世界の中心に位する。
二、すべての寺院や宮殿――さらに拡大してすべての聖都や王の住処――は聖山であり、従って中心となる。
三、大地の軸 axis mundi にあるゆえに、聖都・寺院などは天、地、地下界のの接合点と考えられる。

エリアーデが言う古代文明が信仰していた「聖山」や宇宙樹は、世界の中心であり、聖界と俗界をつなぐことができる場所であり、「中」とはまさに二つの世界を結びつける中枢を指していた。石介は、「天地の中に居る者を中国と曰う」と語っているが、これは中国文明を含めた多くの古代文明に見られる共通の信仰であり、統治者が政治的あるいは宗教的領域において必ず中心にいることで初めて権力の神聖性を掌握できると考えるもので、「中国」という言葉には世界の中心という意味が込められていたのである。

（2）中国は文化と道徳の発祥地である。石介の「中国論」は第二段で次のように指摘する。(16)

夫れ中国なる者は、君臣の自りて立つ所なり、礼楽の自りて作る所なり、衣冠の自りて出づる所なり、冠昏祭祀の自りて用いる所なり、縗麻喪泣の自りて制する所なり、果瓜菜茹の自りて殖《ふ》える所なり、稲麻黍稷の自りて有る所なり。東方を「夷」と曰い、被髪文身して、火食せざる者有り。南方を「蛮」と曰い、雕題交趾して、火食せざる者有り。西方を「戎」と曰い、被発衣皮して、粒食せざる者有り。北方を「狄」と曰い、毛衣穴居して、粒食せざる者有り。其の俗は皆自ら安んずるなり。相易われば則ち乱る。

石介の以上の指摘は、太古より存在する中国の「自己イメージ」である。「中国」という言葉は、地理的・政治的な中心を指すとともに文化的中心をも意味するものであった。[17]

筆者はかつて「中国」という言葉は、「『左伝』、『公羊伝』、『穀梁伝』等『春秋』の三伝になると、豊富な文化的意味合いを帯びるようになり、通常、華夷の弁別という文化的コンテクストにおいて『中国』という概念が提出されるようになった」と指摘したことがある。[18] 戦国時代（紀元前四八〇―二二一）の文献においては、「中国」という言葉は文化の中心地や発祥地を指していると見なすのが当時の中国人の共通理解であった。『戦国策』の趙策で次のように語られている。[19]

中国とは、聡明叡智の居る所なり。万物財用の聚まる所なり。賢聖の教うる所なり。仁義の施す所なり。詩書礼楽の用いる所なり。異敏技芸の試みる所なり。遠方の観赴する所なり。蛮夷の義行する所なり。

石介の上述した言葉には典拠があり、前の一句は『戦国策』と酷似しており、「中国中心主義」を表しており、四隣を「夷」、「蛮」、「戎」、「狄」と称するのは、『礼記』王制篇に基づくものであって、[20]「中国を中心とする世界秩序観」を構築している。

（3）中国の地理編成及び政治制度と宇宙との対応には、変えることのできない神聖性がある。石介の「中国論」の第三段は以下のように語られている。(21)

仰いで天を観れば、則ち二八の舎、焉《ここ》に在り。俯して地を察すれば、則ち九州の分野、焉に在り。中に人を観れば、則ち君臣・父子・夫婦・兄弟・賓客・朋友の位、焉に在り。二八の舎・九州の分野の内に非ず、君臣・父子・夫婦・兄弟・賓客・朋友の位に非ざれば、皆夷狄なり。二八の舎の外を二八の舎の内に干《もと》むるは、是れ天常を乱すなり。九州の分野の外を九州の分野の内に入るるは、是れ地理を易うるなり。君臣・父子・夫婦・兄弟・賓客・朋友の位に非ざれば、是れ人道に悖るなり。苟くも天常、上に乱れ、地理、下に易わり、人道、中に悖れば、国、中国と為さず。

石介の天に「二八の舎」（二十八宿）があるという指摘は、『史記』天官書に「二八舎、一二州を主《つかさど》り、斗秉りて之を兼ぬ。従りて来る所久し」とあるのを典拠としている。『尚書』禹貢にも、天の分野には九つ有り、地上も九州に分かれるとの記載があり、『呂氏春秋』有始覧にも「天に九野有り、地に九州有り」という説が見られる。

以上、北宋初期の石介の「中国」論述によれば、「中国」は単に宇宙の中心に位置するだけでなく、文化や道徳の発祥地でもあり、さらにまた天上の神聖な空間と互いに呼応し合い、不変の神聖性を有する場所であった。このような高度の理想が込められた「中国」論述が提出された背後には、北方の遊牧民族の中原に対する脅威が日増しに高まり、中国を中心とする「天下」的世界観が挑戦を受け、挫折し、国家民族の危機に直面していたという時代背景があり、このような「中国論」は、まさに当時の知識人の焦慮を具体的に表現したものであったと言える。(22)

三　浅見絅斎の中国論述に見られる主張

一七世紀後期から一八世紀初頭に生きた浅見絅斎によって著された「中国弁」(23)は、東アジア周辺国家の知識人が提出した「中国」論述の中で最も代表的なものである。浅見絅斎は、彼よりも約八〇年後に生まれた朝鮮の洪大容（一七三一―一七八三）と同様、「華夷論」を批判し、それを解体しようと力を尽くした。(24)浅見絅斎の「中国」論述は、たくましく成長しつつあった日本の主体性に対する覚醒という思想史的脈絡において登場したものである。

浅見絅斎以前に、一六世紀末から一七世紀前半にかけての日本の朱子学者林羅山（一五八三―一六五七）も、すでに次のように指摘している。(25)

> 日本と中華は域を殊にすと雖も、然れども大瀛海の上に在りて、朝暾旭輝の煥耀する所、洪波層瀾の張激する所、五行の秀、山川の霊、人物に鍾《あつ》まる。故に号して「君子の国」と曰う。昔、治教清明の世、才子智人、間に輩出す。気、豈に異域に譲らんや。時に古今有り、理に古今無し。豪傑

の士は文王無しと雖も猶興起す。故に志を立つるを尚ぶ。

林羅山は藤原惺窩（一五六一―一六一九）に学び、かつて徳川家康の侍講を務めているが、彼は、日本は中国と、地理的に異なっているが、「君子の国」と称することができ、その「気は他の地域に決して引けを取らない」のだと主張している。浅見絅斎より三〇年ほど前に生まれた儒者であり兵学者でもあった山鹿素行（一六二二―一六八五）も、日本は「神明の洋洋たる、聖治の緜緜たる、煥たる文物、赫たる武徳、以て天壌に比すべきなり」[26]と誇り、さらにまた日本こそが本当の「中国」であると主張している。[27]

本朝を中国の謂と為す。先ず是れ天照大神、天上に在りて曰く、葦原中国に保食神有りと聞くと。然らば乃ち中国の称、往古より既に此有り。〔……〕愚按ずるに、天地の運《めぐ》る所、四時の交わる所、其の中を得れば、則ち風雨寒暑の会、偏せず、故に水土沃にして人物精、是れ乃ち中国と称すべし。万邦の衆き、唯だ本朝及び外朝のみ其の中を得。而して本朝の神代、既に天御中主尊有り、二神国中の柱を立つ。則ち本朝の中国為ること、天地自然の勢なり。

このように、一七世紀以後の日本の知識人の言論を通して、日本の主体性がすでに成熟していたことをはっきりと見てとることができるであろう。二〇世紀になると、著名な漢学者内藤湖南（一八六六―一九三四）は、一九一四年に「支那論」を、一九二四年には「新支那論」を著し、日本の主体性を強調する立場に立って、中国の「後見人」の役割を果たそうとする意を示した。前者の「支那論」と後者の「新支那論」とで態度がやや異なっているとはいうものの、二〇世紀初頭の政局が揺れ動く中国に対して、将来日本がとるであろう新たな動向を示唆している。[28]

一八世紀になると、日本の主体意識が完全に目覚めることとなる。例えば伊東藍田（一七三四―一八〇九）は「独り我が日本は、越えて海東に在りと雖も、剖判より今に迄るまで、天子は一姓、之を無窮に伝え、革命有ること無し」[29]と語っており、日本の政治体制に対する誇り、一八世紀の日本意識の壮大さを示している。[30]まさにこのように日本の主体性が成長を遂げつつある思想的雰囲気と脈絡の中で、浅見絅斎は「中国弁」を書いたのである。この文章のポイントとしては以下のような点を指摘できるであろう。

先ず、浅見絅斎は、日本の儒者が華夷の区別を受け入れ、自国を夷狄だと見なすのは、日本人としての主体性を取り違えたものであると批判する。[31]

中国夷狄ノ名、儒書ニ在リ来ルコト久シ。ソレ故吾国ニ有テ儒書サカンニ行ハレ、儒書ヲ読ホドノ者、唐ヲ以中国トシ、吾国ヲ夷狄トシ、甚シキ者ハ、吾夷狄ニ生マレタリトテクヤミナゲクノ徒有之。甚シイカナ、儒書ヲ読ム者ノ読様ヲ失ヒテ名分大義ノ実ヲ不知コト、可悲ノ至ナリ。夫天、地外ヲ包、地、往トシテ天ヲイタダカザル所ナシ。然レバ、各其土地風俗ノカギル処、各一分ノ天下ニテ、タガイニ尊卑貴賤ノキライナシ。唐ノ土地、九州ノ分ハ、上古以来打ツヅキ風気一定相開ケ、言語風俗相通ジ、ヲノヅカラ其ナリノ天下也。其四方ノマワリ、風俗ノ通ゼザル処ノ分ハ、ソレゾレノ異形異風ノテイナル国々、九州ニ近キ通訳ノ達スル分ハ、唐ヨリミレバ、ヲノヅカラ辺土マハリノ様ニミユレバ、九州ヲ中国トシ、ソトマハリヲ夷狄ト称ジ来ル。ソレヲ不知シテ、儒書ヲ見、外国ヲ夷狄ト云サマ、アリトアラユル万国ヲ皆夷狄ト思ヒ、カツテ吾国ノ固ヨリ天地ト共ニ生ジテ他国ヲ待コトナキ体ヲ不知。甚アヤマリ也。

浅見絅斎は、中国と周辺国家にはそれぞれの土地と風俗があり、「各一分ノ天下ニテ、タガイニ尊卑貴賤ノキライナシ」であり、日本という国はそもそも天地と共に成立したのであり、他国の認可を待って初めて成立するようなものではないと考える。浅見絅斎は、さらに進んで「吾国天地ヒラケテ以来、正統ツヅキ万世君臣ノ大綱不変ノコト、コレ三綱ノ大ナル者ニシテ、他国ノ不及処ニアラズヤ。其外武毅丈夫ニテ、廉恥正直ノ風天性根ザス。コレ吾国ノスグレタル所也。中興ヨリモ数聖賢出デ吾国ヲヨク治メバ、全体ノ道徳礼楽、何ノ異国ニ劣コトアラン」と指摘し、中国の儒者が学んでいるのはもとより「天地の道」であるが、日本の儒者が学んでいるのも「天地の道」であって、両者にはそもそも大小の差別はないと強調する。(32)

第二、浅見絅斎は、太陽は赤道に沿って移動しているので、この世界には中心でないところはなく、「中国」も時に従って移動しているのだと指摘している。浅見絅斎は、中国南方の呉楚の地は、孟子の時代には蛮夷の地であったが、秦漢時代には、すでに中国の一部分となっており、朱子なども福建の人であったと指摘している。かくして浅見絅斎の結論とは、唐を中国とし、辺地を夷狄とするのは全くもって不合理であるということであった。浅見絅斎のこのような観点は、実は一八世紀の日本の儒者においては共通認識となっていた。例えば上月信敬（一七〇四―一七五二）も、「夫れ天地は広大寥廓にして際限無し。是を以て天地の中は、一定の中無ければ、則ち居る所の民、各おの其の国を中とし、其の国を華とす。是れ天地の自然にして、人為に非ざるなり[33]」と説いている。天地には「一定の中無く」、各国が同じように「中国」と自称できるというのが一八世紀の日本の知識人の共通認識であった。

第三、浅見絅斎は、『春秋』の道は、それぞれの国を中心とする統一世界を打ち立てることだと主張した。彼は次のように言う[34]。

吾国ニテ春秋ノ道ヲ知レバ則吾国即主也。吾国主ナレバ天下大一統ノナリ、吾国ヨリ他国ヲ見、則是孔子ノ旨ナリ。ソレヲ不知、唐ノ書ヲ読カラ唐ヒイキニ成テ、兎角唐カラ詠メル日本ノナリニウツリ覚ヘテ、兎角夷狄〱トアチヱツラルヽ合点バカリスルハ、全ク孔子「春秋」ノ旨トウラハラ也。孔子モ日本ニ生レバ、日本ナリカラ「春秋」ノ旨ハ立ハヅナリ。是則ヨク「春秋」ヲ学ビタルト云者也。スレバ今「春秋」ヲ読デ日本ヲ夷狄ト云ハ、「春秋」ノ儒者ヲソコナウニハ非ズシテ、能「春秋」ヲ読ザル者ノ「春秋」ヲソコナフ也。是則柱ニ膠シテ瑟ヲシラブルノ学ト云物、全ク窮理ノ方ヲ不知者也。

『春秋』の道が、それぞれの国を主体とする統一世界を建立することにあるとすれば、日本が遣唐使を派遣したのは歴史的な誤りであったということにもなる。よって彼は言う。[35]

古ヨリ遣唐使ヲツカハサレ、足利ノ末ニ唐ノ勅封ヲ拝受スルハ、皆名分ヲ不知ノアヤマリ也。若唐ニ従ヲ吉トセバ、吾国ノ帝王ノ号ヲモシリゾケ年号ヲモ不用、毎年毎年唐人ノ草履取ニハイツクボウテ、頭アゲヌガ大義ナルベシ。ソレナレバ吾親ヲ人ノ奴僕トシ乱賊ノ名目ヲツケ踏ツケイヤシムル同事ノ大罪也。況各国ニテ各其徳治レバ、各国ニテ道行ハルルナリニテヨキハズ也。漢唐以来徳ノ是非カマハズ、兎角唐ノ下ニツケバヨイ国ジャトホメテアルハ、皆唐国ヲ主トスルヨリ云タルモノナリ。吾国モ吾国ヲ主トシテ、他国従ツケバナデヤスンズルガヨシ、此方ヨリシユルニ非ズ。ソレユヱ、唐ヨリ日本ヲトラフトスルモアヤマリ、日本ヨリ唐ヲ取フトスルモ無理也。扨また三韓国ノ如キハ、吾国ヨリ征伐シテ従タル国ナレバ、其為ニ今ニ吾国へ使ヲ通ジ、寄服スル。是吾国ノ手柄ナリ。また三韓ノ国ヨリ云ハバ、面々ノ国ヲ立テ主トスルガアノ方ノ手柄ナリ。吾親ヲ無理ニテモ人ニアタマヲハラセヌガ其子ノ手柄ナリ。人ノ親ハ其親ヲ人ニアタマヲハラセヌガ手柄也。面々各々ニテ其国ヲ主トシ、其親ト親トスル、是天地ノ大義ニテ、並行ワレテモトラザル者也。

浅見絅斎が強調したのは、中国と日本の関係は従属原則ではなく、並立原則に則るべきで、それぞれが自国を主として、お互いの立場を尊重すべきであるということであった。彼は「中国弁」の最後に日本の儒者が説く華夷の弁は、すでに「其時其地ソレゾレノ主トスル当然ヲシルコト」が「義理」

であるという『中庸』の精神に背くものであると強調している。[36]

総じて浅見絅斎の論述においては、天下は至る所「中心」と見なすことができ、「中国」という言葉が意味するもの及びそれが指し示す範囲は、時代に応じて変化していくものであった。よって、中国と日本との関係は、並立原則によるものであって従属原則によるものではなかった。彼は、日本の儒者は儒書を読んではいるものの、正確に『春秋』の本旨を理解していないと考えたのである。

四　東アジア近世の二つの中国論述の比較

以上紹介した石介と浅見絅斎を代表とする近世東アジアの二種類の中国論述には、いずれもはっきりとは言い表されてはいない（tacit）が、ある理論的な前提が存在している。そこで次に、この二つの中国論述の理論的前提の差異について比較・考察してみたい。

第一に最も鮮明に対照的なのが以下の点である。石介の中国論述中の「中心」としての「中国」は、先天的で固定不変のものであり、「中国」と「辺境」の間には超えられない壁が存在している。「中国」は単に東アジア国際秩序における「中心」であるだけでなく、宇宙の「中心」でもあり、「天地の中に居る者を中国と曰い、天地の偏に居る者を四夷と曰う」[37]という言葉がまさにそのことを言い表している。石介によれば、「中国」と「四夷」は「内」と「外」との関係にあり、それは「地の之を内外と為すは、限る所以なり」だからであり[38]、宇宙の「然る」（to be）姿が世界の「然るべき」（ought to

ていた。

be）姿に他ならなかった。石介の世界観においては、「然る所以」と「当に然るべき所」とは一つとなっていた。

石介が主張した「中心」の固定化は、さらに次のような推論を許すのではなかろうか。東アジア世界の全体はあたかも一つの交響楽団のようなものであり、その「中心」に位置する「中国」は指揮者であり、「辺境」に位置する四夷は、必ず指揮者の指示に従わなければならず、そうすることで初めて楽団はスムーズに楽曲の演奏を成し遂げることができるのである。

さらに踏み込んで見てみると、石介の「中国」論述は、二元対立（binary）の理論的基礎の上に構築されており、「中国」と「四夷」、「内」と「外」とが互いにスペクトルの両端をなしており、その境界は明白であり、絶対に混淆できないものであった。歴代正史の「四夷伝」は、このような二元対立の世界観が歴史記述の上に反映したものだと言える。[39]そしてこの二元対立の中から、「倫理的二元性」（ethical duality）や「道徳的二元性」（moral duality）という前提が引き出され、「中国」が道徳の発源地で最高地点に位置し、一方「四夷」は、道徳的に低い地域だということが主張されることになるのである。

石介の中国論述に対して、東アジア周辺国家、日本や朝鮮の多くの知識人の「中国」論述に見られる、明言されてはいない理論的前提とは次のようなものであった。世界及び宇宙の「中心」は、決して固定して動かないもの、あるいは永久不変のものではない。所謂「中国」とは、決して地理上の「中国」によって独占されるものではなかった。浅見絅斎は、「吾国ニテ『春秋』ノ道ヲ知レバ則吾国即主也[40]」と指摘しているが、これはつまり、『春秋』の大義名分論によれば、日本では日本を主体とし、日本を「中国」とするべきで、他の国の人もそれぞれ自分の国を「中国」とすべきだということを意味する。

実はこのような世界観は、近世の日本や朝鮮の知識人の共通認識であった。一七世紀の山鹿素行は、日本の風土は優越しており、人才も輩出しているので、日本こそが「中国」だと主張している[41]。浅見絅斎と同時代の佐久間太華（?—一七八三）も、日本は「其の中を得」て、政治も安定しているので、「中国」と称すべきだと明言している[42]。実際、日本の知識人がこのような世界観を提出しただけでなく、浅見絅斎から約一〇〇年後の一八世紀の朝鮮の儒者丁若鏞（茶山、一七六二—一八三六）もこの世界は「往くとして中国に非ざるなし」[43]と強調している。

一七世紀以後、自国の主体意識が目覚めるに従って、東アジア近世の周辺国家の知識人によって構築されていった主体的な世界観は、「中心」の変動可能性を理論的前提とするものであった。このような理論的前提のもとでは、彼らの眼に映る東アジア世界はあたかも一つの劇場のようなもので、劇場ではそれぞれの役者が特定の役割を有しており、東アジアの国々はそれぞれ主体性を持って動いていたのである。

第二、石介の「中国論」には「中心」の「辺境」に対する支配的原理が潜んでおり、「辺境」は、必ず「従属原則」に基づいて「中心」に従わなければならない。なぜなら、「中心」が「辺境」に優越しており、「辺境」よりも重要だからである。それに対して、浅見絅斎を代表とする中国論述は、「中心」と「辺境」とが互いに影響し合う「並立原則」を強調するものであり、そこでは、「中心」と「辺境」の境目は曖昧となり、時に応じて移動が可能であった。浅見絅斎を含めた一八世紀の日本・朝鮮の知識人たちの中国論述においては、「中国」という言葉は単なる一つの符合に過ぎず、それを解読する者は「中国」という符号に異なる意味（meaning）を注入することができ、「『春秋』の道」（浅見絅斎の言葉）を掌握した、あるいは「その中を得」（佐久間太華の語）た国家が「中心」となることができたのであり、彼らにとって「中国」という意味は、地理的な実体としての「中国」によって独占あるいは支配されるものではなかった。

第三、石介の中国論述では、「中国」が道徳の発祥地たり得るのは、先天的、生得的（ascribed）な要因によるものであり、それが「常道」であって、それに反すれば「怪」となるとされている。(44) 一方、浅見絅斎の中国論述では、「中国」という符合が担っている価値理念は後天的、習得的（achieved）なものであり、「春秋の道」や「孔子の道」を掌握し得た国家が「中国」と称することができるのだと強調している

しかし、浅見絅斎にとって「春秋の道」という言葉が何を意味していたのかについては、さらに踏み込んで解析しなくてはならない。浅見絅斎のいう「春秋の道」とは、実は「名分論」を指していた。彼は「中国弁」で次のように指摘している。(45)

先名分ノ学ハ道徳ノ上下ヲ以論ズルコトヲヲキ、大格ノ立様ヲ吟味スルコト第一也。サレバ徳ノ高下カマハズ、瞽瞍ノ頑トイヘドモ舜ノ父タルコト天下ニ二ツナシ。舜、吾父ハ不徳也トテ吾トイヤシミ、天下ノ父ノ下ニツケント思フ理ナシ。

「名分」が徳行に先立つ、これが浅見絅斎が強調した「春秋の道」であった。よって、彼は、日本人として生まれた以上、必然的に日本を「中国」としなければならないわけで、これは日本文化の優劣とは関わりのないことだと考えた。「絅翁答跡部良賢問書」の中で、浅見絅斎は次のように語っている。[46]

文物礼学ノ開ク不開ハ、又風土ノ体厚薄ニヨル、主客ノ大義ト各別ナリ。(中略)日本ノ風俗、王統ノ正シク、廉恥義気ノタシカナコト、非異国所及処アリ。サレドモ、ソレデ日本ヲ中国ト云デハナシ。賢デモ愚デモ貴デモ賤デモ、吾父母ハ吾父母ニテ立タルト同ジコト也。

「春秋の道」によれば、日本人として生まれた以上、必ず日本を中心とし、日本を「中国」と称さなければならないのは、子どもが自分の父母を敬重しなければならないのと同じ道理だ、浅見絅斎はこのように考えていた。この原則によれば、すべての国が同じように自国を「中国」と称することができることになり、「中国」という言葉は、世界の各国が共に使用できる名称だということになる。浅見絅斎が取った立場とは、『春秋』の「名分論」を基礎とする「文化的多元論」あるいは「政治的多元論」と見なすことができるであろう。

五　結論

本章では、一一世紀の中国の石介と一七世紀の日本の浅見絅斎を取り上げ、東アジア近世の二つの中国論述を検討し、両者の背後にある理論的基礎を比較したが、結論として以下の点を指摘できるであろう。

一、二つの中国論述は、いずれも「自我」、「他者」、「政治」、「文化」という四つの次元（dimension）の相互作用の中で提出され、互いに折衝し、また変動するものであった。この四つの次元のそれぞれが互いに連動関係にあり、その中でも「文化」という次元が最も重要であり[47]、またこの四つの次元の相互作用は、論述者の情感とアイデンティティーに深く結びつき連動していた。例えば、浅見絅斎の論述策略は、「文化」をてことし、「政治」中心の世界観の構造を移動あるいは解体するものであった。この四つの次元の相互作用は論述者個人の情感とも複雑に絡み合っていた。論述者の情感は、「文化的アイデンティティー」と「政治的アイデンティティー」が進み行く方向に影響を及ぼし、さらに論述者の「自我」像の確立と再構築をも左右した。「文化的アイデンティティー」は、往々にして「文化的民族主義」として展開し、「政治的民族主義」へと転化しやすい[48]。

二、二つの中国論述は「中心」と「辺境」の境界という問題を取り上げている。一一世紀の石介が、宋王朝の政治的危機という当時の切迫した状況の下で、「中心」と「辺境」の境界を有形化し、固定化しようとしたのだとすれば[49]、一七世紀の日本の浅見絅斎は、政治的、文化的主体意識が成熟しつつあった時代を背景として、「中心」と「辺境」という枠組みを取り払い、固定化されていた境界に流動性を与え、「中国」という言葉に新たな意味を付与し、「中国」という概念の解釈権を奪取したのだと見なすことができよう。

三、一一世紀の中国の石介にしろ、一七世紀の日本の浅見絅斎にしろ、一九世紀中葉以前の中華帝国が構築した「天下」秩序の中で「中国」論述を展開した。一九世紀中葉以前において、中国は、まだ国際政治秩序の中に入っておらず、現代国家のメンバーの一員とはなっていなかった。しかしながら、一九世紀中葉のアヘン戦争以後、中国は世界国家の仲間入りをし[50]、こうして中国の「文明国家」(civilization state)としての側面と「主権国家」(sovereign state)としての側面、両者の間に癒合しがたい緊張関係を生み出すこととなり、二一世紀の新たな「中国」論述は、「自我」、「他者」、「政治」、「文化」の複雑なせめぎ合いの中でさらに複雑さを増大させることになっていった。中国は今、二一世紀の多極化する国際新秩序の挑戰に答えるべく、より精緻な言説が求められている。

〔注記〕本章の内容は、二〇一四年七月二四日・二五日に行われた台湾大学人文社会高等研究院主催の「東亜視野域中的『中華/中国』国際シンポジウム」で発表したものであり、本書に加えるに当たり、大幅に修正を加えた。

注

（1） Nicholas D. Kristof et al. eds., *The Rise of China* (Council on Foreign Affairs Inc., 1998).

（2） Charles Horner, *Rising China and Its Postmodern Fate: Memories of Empire in a New Global Context* (Athens: University of Georgia Press, 2009).

（3） Martin Jacques, *When China Rules the World: The End of the Western World and the Birth of a New Global Order* (New York: Penguin, 2009); William A. Callahan and Elena Barabantseva eds., *China Orders the World: Normative Soft Power and Foreign Policy* (Baltimore: Johns Hopkins University Press, 2012)。

（4） William A. Callahan, "Sino-speak: Chinese Exceptionalism and the Politics of History," *The Journal of Asian Studies*, Vol. 71, Issue 1 (February, 2012), pp. 33-55.

（5） John J. Mearsheimer, "Taiwan's Dire Strait," *National Interest*, Issue 130 (Mar./Apr., 2014), pp. 29-39.

（6） 葛兆光『宅茲中国――重建有関「中国」的歴史論述』（聯経出版、二〇一一年）、四一頁。

（7） 羅夢冊『中国論』（商務印書館、一九四三年）、引用文は「自序」、一頁。

（8） 石介「中国論」、『徂徠石先生文集』（中華書局、二〇〇九年）、巻一〇、一一六頁。

（9） 于省吾（一八九六―一九八四）氏は、「中国」という呼称は西周の武王の時期から使われるようになったと指摘している。于省吾「釈中国」、胡暁明・伝杰主編『釈中国』（上海文芸出版社、一九九八年）、巻三、一五一五―一五二四頁。曽奕「内外与夷夏――古代思想中的「中国」観念及其演変」、『思想史研究』（上海人民出版社、二〇一二年）第九輯、一七六頁、所収。

（10） 『山海経』には、「西海の外、大荒の中、方山なる者有り。上に青樹有り、名づけて柜格の松と曰う。日月の出入する所なり」とある。（巻一六、「大荒西経」）

（11） 『周礼』大司徒に、「土圭の法を以て土の深さを測り、日景を正して、以て地の中を正す。日南なれば則ち景短く暑多し。日北なれば則ち景長く寒多し。日東なれば則ち景夕にして風多し。日西なれば則ち景朝にして陰多し。日至の景、尺有五寸、之を地の中と謂う。天地の合する所なり、四時の交わる所なり、風雨の会する所なり、陰陽の和する所なり。然らば則ち百物阜に安んず。乃ち王国を建て、其の畿方千里を制して之れを封樹す」とある。

(12) Paul Wheatly, *The Pivot of the Four Quarters: A Preliminary Enquiry into the Origins and Character of the Ancient Chinese City* (Chicago: Aldine Publishing Company, 1971), p. 479.

(13) Paul Wheatly, *The Pivot of the Four Quarters: A Preliminary Enquiry into the Origins and Character of the Ancient Chinese City*, p. 436.

(14) エリアーデ著・堀一郎訳『永遠回帰の神話』(未来社、一九六三年)、一四－一五頁。

(15) 同右、二二頁。

(16) 石介「中国論」、一一六頁。

(17) Michael Loewe, “The Heritage Left to the Empires,” in Michael Loewe, Edward I. Shaughnessy eds., *The Cambridge History of Ancient China: From the Origins of Civilization to 221 B.C.* (Cambridge: Cambridge University Press, 1999), pp. 992-995 を参照。

(18) 黄俊傑「論中国経典中「中国」概念的涵義及其在近世日本与現代台湾的転化」、『東亜文化交流中的儒家経典与理念――互動、転化与融合』(台湾大学出版中心、二〇一〇年)、第四章、所収、八五―九八頁。

(19) 『史記』の趙世家にも「中国イメージ」を語るこの一段が引用されている。

(20) 『礼記』王制篇に次のようにある。「東方を夷と曰う。被髪紋身、火食せざる者有り。南方を蛮と曰う。雕題交趾、火食せざる者有り。西方を戎と曰う、被髪して皮を衣、粒食せざる者有り。北方を狄と曰う。羽毛を衣て穴居し、粒食せざる者有り」。

(21) 石介「中国論」、一一六頁。

(22) 葛兆光『宅茲中国――重建有関「中国」的歴史論述』、四一―四二頁。

(23) 近藤啓吾氏の考証によれば、「中国弁」は元禄一四(一七〇一)年辛巳一二月、絅斎が五〇歳の時に著された。近藤啓吾「浅見絅斎先生年譜」、『東洋文化研究所紀要』第四輯(一九五三年三月)を参照。なお浅見絅斎の「中国弁」については、近年、藤井倫明「日本山崎闇斎学派的「中国／華夷」論探析」、『台湾東亜文明研究学刊』

第一二巻第一期、一九三―二三〇頁でも分析が加えられている。藤井氏は絅齋が特に「名分論」の立場から「中国」や「華夷」の概念を捉えていることを強調している。

(24)　Park Hee-byoung, "Asami Keisai and Hong Daeyong: Dismantling the Chinese Theory of the 'Civilized' and 'Uncivilized'," *Seoul Journal of Korean Studies*, Vol. 17 (2004), pp. 67-113、박희병：「浅見絅斎와 洪大容――中華的華夷論의解体様相과그意味」、『大東文化研究』、第四〇輯（二〇〇二年）、三七三―四一三頁。

(25)　『林羅山文集』（ぺりかん社、一九七九年）、巻七三、「随筆九」、九一四頁下―九一五頁。

(26)　山鹿素行『中朝事実』、『山鹿素行全集――思想篇』（岩波書店、一九四二年）、第一三巻、上冊、「自序」、二二六頁。

(27)　同右、「皇統・中国章」、二三四頁。

(28)　この二篇の論文は、いずれも『内藤湖南全集』（筑摩書房、一九六九―一九七六年）の第五冊に所収。陶徳民『明治の漢学者と中国―― 安繹・天囚・湖南の外交論策』（関西大学出版部、二〇〇七年）、二四一―二五一頁を参照。

(29)　『藍田先生湯武論并附録』、闕儀一郎編『日本儒林叢書』（鳳出版、一九七八年）、巻四、所収、二頁。

(30)　筆者は別稿で一八世紀の日・韓の主体意識の成熟について考察を加えている。黄俊傑「十八世紀東亜儒者的思想世界」、『東亜文化交流中的儒家経典与理念――互動、転化与融合』（台湾大学出版中心、二〇一〇年）、第三章、所収、六一―八四頁。

(31)　浅見絅斎「中国弁」、吉川幸次郎等編『日本思想大系三一・山崎闇斎学派』（岩波書店、一九八〇年）巻三一、四一六頁上。

(32)　同右、四一六頁下―四一七頁上。

(33)　上月信敬『徂徠学則弁』、『日本儒林叢書』第四冊、一四頁。

(34)　浅見絅斎「中国弁」、四一八頁上。

(35)　同右、四一八頁下―四一九頁上。

(36)　同右、四一九頁。

(37) 石介「中国論」、一一六頁。
(38) 同右、一一六頁。
(39) モンゴル人が中国を制覇して元の時代になると、史官が宋、遼、金三朝の正史を編纂する際、「四夷伝」を「外国伝」あるいは「蛮夷伝」と改めている。
(40) 浅見絅斎「中国弁」、四一八頁上。
(41) 山鹿素行『中朝事実』、「皇統・中国章」、二三四頁。
(42) 佐久間太華『和漢明弁』、『日本儒林叢書』第四冊、所収、「序」、一頁。
(43) 丁若鏞「文集序・送韓校理使燕序」、茶山学術文化財団編『(校勘・標点)定本与猶堂全書』(茶山学術文化財団、二〇一二年)、第二冊、所収、巻一三、三九三―三九四頁。
(44) 石介は別に「怪説」という文章を書いてこの見解を述べている。『徂徠石先生文集』、巻五、六〇―六三頁。
(45) 浅見絅斎「中国弁」、四一六頁。
(46) 浅見絅斎「絅翁答跡部良賢問書」、田崎仁義解題『浅見絅斎集』(誠文堂新光社、一九三七年)、所収、二六〇頁。
(47) 鄭開「論『中国意識』的思想史建構」、『思想史研究』第九輯(上海人民出版社、二〇一二年)、所収、一九一―八八頁を参照。
(48) 中国と日本だけでなく、ベトナムの儒臣や歴史書(『大越史記全書』など)、例えば呉士連・黎広度・莫玉輦等には皆中国、中夏―夷狄の用語及び意識が見られる。鍾彩鈞「黎貴惇『大越通史』的文化意義」、鍾彩鈞主編『黎貴惇的学術与思想』(中研院文哲所、二〇一二年)、所収、五七―八六頁を参照。また、後黎朝から阮朝にかけての文人李文馥(一七八五―一八四九)にも「夷弁」という文章があり、ベトナム人は夷人ではないので、ベトナムの使者は夷使公館に入るべきではないと考えている。陳益源「周遊列国的越南名儒李文馥及其華夷之弁」、陳益源『越南漢籍文献述論』(中華書局、二〇一一年)、所収、二二九―二三二頁。
(49) 石介は「中国論」において、彼の時代の華夷の混淆という危機的状況を解決する方法を提起して次のように述べている。「各おの其の人を人とし、各おの其の俗を俗とし、各おの其の教えを教えとし、各おの其の礼を礼とし、各おの其の衣服を衣服とし、各おの其の居廬を居廬とす。四夷は四夷に処り、中国は中国に処り、各おの相乱るべからず。斯くの如きのみ。則ち中国は中国なり、四夷は四夷なり」（一一七頁）。

（50）Immanuel C. Y. Hsu, *China's Entrance into the Family of Nations: The Diplomatic Phase* (Cambridge, MA.: Harvard University Press, 1960).

（51）近年、マーティン・ジェイクス氏は『中国が世界をリードする時』で二一世紀の中国は「文明国家」と見なすべきで、近代以降のヨーロッパの「主権国家」ではないとまで主張している。本書九章注（6）参照。

第七章　東アジアの儒教的教育哲学が二一世紀にもたらすもの

一　はじめに

儒家は、東アジア地域における思想学派の中で、最も教育を重視する立場にある。江戸時代（一六〇三―一八六八）の古学派の儒者伊藤仁斎（一六二七―一七〇五）は、『論語』を「最上至極宇宙第一の書」と絶賛したが、『論語』は、先秦時代の孔子とその弟子たちとの間で交わされた精神的対話の実際の記録である。『論語』の冒頭に記されている言葉は、「学びて時に之れを習う、また説《よろこ》ばしからずや」（学而篇）であり、ここで孔子は、精神的悦楽の境地を目指す儒家教育哲学の方向を示し、孟子は、「乃ち願う所は、則ち孔子を学ぶことなり」（『孟子』公孫丑上）とその思いを語り、荀子（紀元前二九八―二三八）が著した著述（『荀子』）の第一篇は「勧学」であった。「学」という字は、『論語』に計六四回も登場し、明代の儒者劉宗周（一五七八―一六四五）は、「『学』字こそ孔門の第一義」だと指摘しているが、[1]誠に透徹した見解である。孔子以後、二六〇〇年余りにわたる東アジア各地の偉大な儒者は、同時にまた偉大な教育家でもあった。彼らは教育という事業、特に民間の書院における講学を通して、現代の哲学者労思光（一九二七―二〇一二）の所謂「人生指南としての哲学」（"orientative philosophy" または "philosophy as proposal"[2]）という特質を具体的に発揮したのである。

本章では、東アジアの儒教的教育哲学に見られる重要な側面を取り上げて検討を加え、またそれが二一世紀においてどのような意味を持つのかについても考えてみたい。具体的に言うと、孟子・朱子・王陽明（一四七二―一五二九）及び日本・韓国の幾人かの儒者の議論を中心に分析し、さらに儒者による書院の学規を実例として取り上げ、儒教的教育哲学がどのように実践されたのかを見ていくが、特に以下の問題に焦点を合わせて考えてみたい。

一、教育とは何か。
二、教育は如何にして可能か。
三、儒者の教育理念は、実際の教育現場においてどのように実施されるのか。具体的な教育方法はどのようなものであったのか。
四、東アジアの儒者の教育哲学は、二一世紀の教育に何をもたらしてくれるのか。

二　教育とは何か

「教育」の定義・内容と方法は、時代とともに移り変わり、地域によっても異なる。現代ヨーロッパの教育学の世界では、「教育」という言葉は極めて「論争性」（contestability）を帯びた概念だと見なされている。それは主として、教育がなされるそれぞれの社会が構築している価値や文化的脈絡が異なっているからであるが、それ以上に「教育」の定義が混乱していることも関係しているであろう[3]。「教育」の定義は、人によって異なるであろうが、最も理想的な教育は必ずある理性において一致した教育観の上に構築されるものであり、またあらゆる「教育」に関する定義が、皆同等の価値を持っているというわけではない[4]。東アジアの儒者にとって、「教育」には一定不変の内容と目標があり、それはつまり「自我」の変革と向上に努めるということであった。

孔子は先ず「教有りて類無し」（『論語』衛霊公）という教育理念を提示し、教育を西周（紀元前一〇四五—七七一）の王侯貴族の学問から春秋時代（紀元前七二二—四八一）の平民の学問へと方向転換させた。孟子は、孔子の教育観を受け継ぎ、それを基礎として自分の教育思想を展開した。孟子の教育思想においては、「教育」とは内省自得の学であり、外にではなく内に向かって深く省察するよう諭している。孔孟思想における教育の目的は、いずれも教育を受ける者の「自我」の主体性を呼び覚ますという点にあったが、その点で、孟子の議論はさらに深まりを見せている。

先ず、孟子の考える教育とは「全体論的教育」（holistic education）であり、孟子の教育哲学は「自我の覚醒」に焦点を当てるものであったが[5]、この「全体論的」教育の理念は、三つの重要命題の上に打ち立てられていた。一つ目は生命にはその「全体性」があること、二つ目は「個人」、「社会」、「宇宙」の間には連続性があること、三つ目は「自己完成」が、必ず多層的次元の間で連続して行われること、である。さらに踏み込んで分析すれば、孟子の思想における「自我」の「連続性」には二つの意味がある。一つは「発展の連続性」という意味であり、つまり個人・社会から宇宙に至るまで連続して展開する生命の歩みであるということ。よって、孟子は、「自我」は内在的でありながら同時に超越的でもあるという特質を持っていると考えた。一人の人間として「自己」を理解すればするほど宇宙の深遠な道理を理解することになるわけである。孟子の思想における「自我」の「連続性」のもう一つの意味は、「構造の連続性」ということである。孟子は、個人と社会、宇宙とは互いに浸透し合い、作用し合う関係にあると考えた。一個人が「心を尽く」せば「性を知る」ことが可能となり、「性を知」れば「天を知る」ことが可能となる。「誠は天の道なり。之れを誠にするは人の道なり」（『孟子』離婁篇）と指摘されているように、「誠」は「人道」と「天道」とをつなぎ合わせる力であった。

孟子は、教育の目的は「自我」の主体性を呼び覚ますことにあると考える。孟子は伊尹の言葉を引用し、「天の此の民を生ずるや、先知をして後知を覚さしめ、先覚をして後覚を覚さしむ」（『孟子』万章上）と語る。この言葉に対して朱子は、次のような注釈を加えている。「知は、其の事の当に然るべき所を識るを謂う。覚は、其の理の然る所以を悟るを謂う。後知・後覚を覚さしむるは、寐《い》ぬる者を呼びて之をして寤らしむるが如し[6]」。孟子は、人と禽獣の違いは、人には仁義といった価値判断を下す能力が本性として備わっている点にあり、仁義といった価値理念は内在的なものであり、「教育」は、ある意味で主体性を「呼び覚ます」（孟子の所謂「覚」）過程であると考えている。孟子は各個人が内在している道徳は全て生得的なものだと考える。孟子は言う。「人に存する者と雖も、豈に仁義の心無からんや」（『孟子』告子上）。よって、孟子は、人は「浩然の気」を養い、もともと持っている「良心」を成長発展させなければならないと強調した。人の外的容姿は先天的なものであるが、修養を積んだ人は、内在的な心性修養を外在的な言行を通して顕現させ、精神修養を具体化させることができるのである。これが孟子の所謂「形を践む」(『孟子』尽心上)ということであった。

孟子は、教育を受ける者の主体性を呼び覚ますということを強調した。つまり、「覚」を核心的営為とする教育哲学が中国における教育思想の根幹を成しているのである。二〇〇〇年にわたる中国の儒家教育の伝統は、東アジア地域で主流となっていく。孟子は言う。「善政は善教の民を得るに如かざるなり。善政は民之れを畏れ、善教は民之れを愛す。善政は民の財を得、善教は民の心を得」(『孟子』尽心上)。孟子はまた次のようにも語っている。「城郭完からず、兵甲多からざるは、国の災に非ざるなり。田野辟《ひら》けず、貨財聚まらざるは、国の害に非ざるなり。上に礼無く、下に学無ければ、賊民興りて、喪ぶること日無けん」(『孟子』離婁上)。このように、孟子は、教育こそ善政の核心をなす営みであり、教育の行き着く効果がつまり政治における清廉である、と強調している。

儒者の教学内容の特色は、経典及びその価値理念を主とするという点にあった。孟子の教育方法は、「其の外に出る」のではなく、「其の内に入る」という教育方法であった。儒者の教育目的は人格の陶冶という点にあり、功名利益を追求することではなかった。教学目標として重んじたのは、人格形成であって職業訓練ではなかった。さらに言えば、儒教教育の核心的意義は学習者の真の自我を覚醒させるという点にあり、それは「自我」が覚醒して初めて「他者」と相互に働きかけ合うことができ、先ず「内聖」を完成させて初めて「外王」の事業を展開することが可能となるからであった。儒者は、基本的に「外在領域」は「内在領域」の延長であり拡大であると主張する。しかし、現代人はおそらく次のような疑問を抱くであろう。「自我」と「世界」とはそもそも異なるメカニズムで作用している。つまり内在領域における作用のメカニズムは、外在領域の作用のメカニズムと実質的に異なっている。内在領域と外在領域は異質なものであり、互いに還元し合うことはできない。道徳領域のカテゴリーでは、道徳は人の自由意志によってコントロールすることができることは、孔子が「我、仁を欲すれば、斯《ここ》に仁至る」（『論語』述而篇）と指摘している通りであるが、政治領域における作用のメカニズムは権力の争奪を目標とするものであり、通常は個人の自由意志で完全にコントロールすることができない、と。だが、儒者の立場からみると、このような疑問はおそらく成立しない。なぜなら道徳は政治の基礎であり、政治は道徳の延長で、内在領域から外在領域へという展開は、同心円が一層一層外に広がっていく（孟子の所謂「拡充」）過程に他ならないからである。しかし、実際の歴史的過程から見たら、儒者の「内聖外王」という理想は確かに困難なものであり、古代中国の中央集権体制の下においては、知識人の中に「君を得て道を行う」ことのできた者は少く、多くの儒者がわずかに「民を化して道を行う」という路線を取り得たに過ぎない。

教育の方法については言えば、儒者は素質に応じて教えを施すことを重視した。先秦時代の孔子門下では、学生が「仁」の内容を質問した時、孔子の答えは質問した学生によって異なっていた。儒教的教育は身を以って則となすこと、つまり「模範学習」を重視し、また啓発教育、つまり「一を挙げて三を反す」というやり方も重視した。儒教的教育で最も重要なのは、「諸《これ》を己に反《かえり》み求める」（『孟子』離婁上）ということであった。「諸を己に反み求める」とは、経典の価値を教育を受ける者の心身の中に注入することによって、教育を「己の為にするの学」（自己修養の学）にすることを意味する。[7]

孔孟以後の東アジアの儒者が「教育とは何か」という問題をどのように考えていたのかを見定める

上で、大きなヒントを与えてくれるのが、儒者が「学」という字に対して施している解釈である。これまでの研究によれば、歴代中国の儒者の『論語』に見られる「学」字に対する解釈は、主として二つの系統に整理できる。「一つは、『学』を『覚』という意味で解釈する系統であり、北宋の邢昺（九三二―一〇一〇）に始まり、南宋の楊簡（一一四一―一二二六）と陸象山（一一三九―一一九二）がこの説を敷衍し、明代の心学に受け継がれ、王陽明によって集大成されている。もう一つは、『学』を『効』と解釈する系統であり、朱子に始まり、朱子の後学、陳淳（一四八三―一五四四）・金履祥（一二三二―一三〇三）・許謙（一二六九―一三三七）らによって継承されている」[8]。学習者の「心」の覚醒という解釈を取るにしろ、あるいは先賢に対する模倣という解釈を取るにしろ、儒者の定義する教育とは、「自我」の覚醒と変革の過程に他ならないのである。

儒者の教育哲学においては、教育とは「己の為にするの学」（自己修養を目的とする学問）であり、自己の生命を向上させる営みでもあった。このような教育は、一種の内省の学に他ならない。王陽明は学問修養について次のように語っている[9]。

人に学を為すを教うるは、一偏を執るべからず。初学の時は、心猿意馬、拴縛し定めず。其の思慮する所、多くは是れ人欲の一辺なり。故に且《しば》らく之に静坐して思慮を息むることを教え、之を久しうして、其の心意の稍《やや》定まるを俟《ま》つ。只だ懸空に静守して槁木死灰の如くなるは、また用無し。須く他をして省察克治せしむべし。省察克治の功は、則ち時として間《へだつ》べき無し。盗賊を去るが如く、須く箇の掃除廓清の意有るべし。事無き時は、色を好み、貨を好み、名を好む等の私を将《もっ》て、逐一に追究捜尋し出だし来り、定《かなら》ず病根を抜き去り、永く復た起らざらしむべく、方に始めて快と為す。

王陽明がここで語っている「学」とは、「心」の安定を中心とするものであり、外在する知識を追い求める営為ではなかった。江戸時代の陽明学者佐藤一斎（一七七二―一八五九）は、晩年次のように語っている。[10]

孔子の学は、己を修めて以て敬するより百姓を安んずるに至るまで、只だ是れ実事実学なり。「四を以て教う。文行忠信」、「雅《つね》に言うところは、詩書執礼」にて、必ずしも耑ら誦読を事とするのみならざるなり。故に当時の学者は、敏鈍の異なる有りと雖も、各おの其の器を成せり。人は皆学ぶべし。能と不能と無きなり。後世は則ち此の学墜ちて芸の一途に在り。博物にして多識、一過して誦を成す。芸なり。詞藻縦横に、千言立ちどころに下る。尤も芸なり。

このように、佐藤一斎は「学」と「芸」とを区別し、「学」は決して「博物多識」のような知識の累積や技芸の習得だけではないと強調している。佐藤一斎の「教育」に対する定義は、孔子・孟子・王陽明の系譜を継承するものであり、「己の為にするの学」を教育目標とするものであった。

現代イギリスの教育哲学者ピーターズ（R. S. Peters、一九一九―二〇一一）が指摘しているように、教育の「目標」を論じる場合、必然的に「教育」という概念を議論する際の脈絡、学習の方向と目標の成り行きといった問題に及ぶことになる。[11] 東アジアの儒者は、基本的に学習者の生命の向上という脈絡の中で「教育」を議論し、「教育」は自己の生命を成長させるための内省の学であると考えた。だからこそ孟子は「子帰りて之を求むれば、余《おおく》の師有らん」（『孟子』告子下）と語っているのであり、学習がうまくいくかどうかは、学習者が己の主体性を取り戻すことができるかどうかにかかっているのである。

次に教育の内容から見てみると、儒者は「教育」の「規範的側面」（the normative aspect of education、佐藤一斎のいう「学」に近い）の方が「教育」の「認知的側面」（the cognitive aspect of education、佐藤一斎のいう「芸」に近い）よりもはるかに重要だと考えた。[12] 孔子は、確かに学生に（『詩経』を読んで）「多く鳥獣草木の名を識《し》る」（『論語』陽貨篇）べきだと励ましているが、孔子はそれ以上に、「知は之れに及べども、仁は之れを守ること能わざれば、之れを得ると雖も、必ず之れを失う」（『論語』衛靈公篇）と学生を戒めている。孔子は明らかに徳行こそが認知の基礎であると考え、「仁」が「知」を包摂すると主張している。孟子は「学は則ち三代之れを共にす。皆人倫を明らかにする所以なり」（『孟子』滕文公上）と指摘し、また「〔……〕契をして司徒たらしめ、教うるに人倫を以てし、父子親有り、君臣義有り、夫婦別有り、長幼序有り、朋友信有らしむ」（『孟子』滕文公上）とも語っている。以下に取り上げる南宋の朱子の「白鹿洞書院学規」では、五倫を講明することが書院教育の目標であるとされている。よって、孔子以後の東アジアの儒者は、いずれも「仁」を基盤として「知」を発揮すると強調しており、また「教育」と「訓練」とは異なる領域の営みであり、混同してはならないと考えている。

三　教育は如何にして可能か

もし「教育」を「自我」の覚醒と変革だと定義するならば、儒者は必然的に「教育は如何にして可能か」という教育哲学における人性論の基礎付けという問題に直面しなければならない。我々は先ず孟子から見ていくことにしよう。孟子の教育哲学は人性論を前提として構築されている。孟子は、人の「心」には価値判断の能力が備わっていると考えている。人の「心」は価値意識を生み出す主体であり、人は生得的に道徳的判断を下す能力を内在させている。孟子は、人は生まれながらにして「四端の心」を備えていると考える。孟子は次のように語っている。

惻隠の心は人皆之れ有り。羞悪の心は人皆之れ有り。恭敬の心は人皆之れ有り。是非の心は人皆之れ有り。惻隠の心は仁なり。羞悪の心は義なり。恭敬の心は礼なり。是非の心は智なり。仁義礼智は、外より我を鑠《かざ》るに非ざるなり。我固より之れを有するなり。思わざるのみ。(『孟子』告子上)

孟子は、人がよく実践理性を働かせることができるならば、「心」の価値創造という効能を自然に発揮させることができると主張した。孟子は次のように指摘している。

其の大体に従えば大人となり、其の小体に従えば小人となる。〔……〕耳目の官は思わずして、物に蔽わる。物、物に交われば、則ち之を引くのみ。心の官は則ち思う。思えば則ち之を得るも、思わざれば則ち得ざるなり。此天の我に与うる所の者なるも、先ず其の大なる者を立つれば、則ち其の小なる者奪う能わざるなり。此れを大人となすのみ。（『孟子』告子上）

朱子は孟子のこの一文を次のように解釈している。[13]

大体は、心なり。小体は、耳目の類なり。官の言為たるや司なり。耳は聴を司り、目は視を司り、各々職とする所有りて思うこと能はず。是を以て外物に蔽わる。既に思うこと能わずして外物に蔽わるれば、則ちまた一物のみ。又外物を以て此の物に交わり、其の之を引きて去くこと難からず。心は則ち能く思う。而らば思を以て職と為す。凡そ事物の来るや、心、其の職を得れば、則ち其の理を得て、物、蔽うこと能はず。其の職を失えば、則ち其の理を得ずして、物来れば之に蔽わる。此の三者は、皆天の我に与うる所以の者にして、心を大と為す。若し能く以て之を立つること有れば、則ち事として思わざること無く、而して耳目の欲も之を奪うこと能わず。此れ大人為る所以なり。

朱子がここで展開している解釈には、「理」学的色彩が施されており、疑問を抱かれる可能性もあるが、朱子の「心は則ち能く思う。而らば思を以て職と為す」という見解は、完全に孟子の精神と合致する。孟子は、人の五官は判断力を備えておらず、容易に外界の影響を受けてしまうが、人の「心」

には、価値判断能力が備わっており、それは普遍必然的なものだと考えた。プラトンが、哲学的生活とは一種の身体を無視する愉悦に他ならないと語り、精神的悦楽の生活を重視したように[14]、古代ヨーロッパの思想家は基本的に「身」と「心」を二分して考えた。しかしながら、東洋の思想家は、「身」と「心」はつながっており、二つに分裂対立する存在ではないと考えた。

孟子の思想においては、「心」は思考能力を有しており、よって「心」は外在する事物の「理」を掌握できる存在であった。「心」は「普遍性」を有しているが故に、「必然性」も有していた。「普遍性」という点については、孟子は次のように語っている。「心の同じく然りとする所の者は何ぞや。謂く理なり、義なり。聖人は先ず我が心の同じく然りとする所を得たるのみ。故に理義の我が心を悦ばすは、猶、芻豢の我が口を悦ばすがごときなり」(『孟子』告子上)と語っている。「必然性」については、孟子は次のように説明している。「故に凡て類を同じくする者は、挙《みな》相似たり。何ぞ独り人に至りて之を疑わん。聖人も我と類を同じくする者なり」(『孟子』告子上)。このように孟子は、「聖人も我と類を同くする」という事実に基づいて、教育の根幹をなす営みは人が皆生まれながらにして持っている価値判断能力としての「心」を開発することだと語っている。「四端の心」は人が「固有」(『孟子』告子上)しているものだという命題について言えば、孟子の教育哲学の立場は、現代イギリスの教育哲学者デイビッド・カー(David Carr)の言う「自由平等の伝統主義[15]」(Liberal egalitarian traditionalism)に近いものだと見なすことができる。

儒教的教育哲学の人性論は、理論上、次の二つの重要な問題に関わってくる。一つ目の問題は、学習者の「心」は、どのようにして万事万物の「理」を理解することができるのかということである。

朱子が、「大学格物補伝」[16]の中で展開しているこの問題に対する理解は、基本的に「心」と「理」を異質の存在として捉え、万事万物の存在あるいは働きには皆「理」があり、一方、人の「心」には認知作用が備わっているため、「心」と「理」とは二つに分かれているけれども、「心」は「格物」を通して「理」を知ることができるとするものである[17]。朝鮮時代（一三九二―一九一一）の朝鮮の思想界は朱子学一色に染められていたため、一九世紀の儒者朴文一（一八二二―一八九四）は、学習を通して「心」と「理」の関係を二分から合一へと向かわせることを強調した[18]。

しかし、王陽明は、この問題に対して朱子とは全く異なる路線を採用した。王陽明は次のように朱子を批判している[19]。

朱子の所謂格物と云う者は、「物に即いて其の理を窮むる」に在り。物に即いて理を窮むとは、これ事事物物の上に就いて其の所謂定理を求むる者なり。是れ吾が心を以て理を事事物物の中に求め、心と理とを析って二と為すなり。夫れ理を事事物物に求むとは、孝の理を其の親に求むるがごときの謂なり。孝の理を其の親に求むれば、則ち孝の理は、其れ果して吾の心に在るか、抑そも果して親の身に在るか。仮に果して親の身に在りとせば、則ち親没するの後は、吾が心遂に孝の理無きか。「孺子の井に入らんとするを見ては、必ず惻隠の理あり」と。是れ惻隠の理、果して孺子の身に在るか、抑そも吾が心の良知に在るか。其れ或は以て之れに井に従うべからざるか、其れ或は手を以て之れを援《すく》うべきか。是れ皆所謂理なり。是れ果して孺子の身に在るか、抑そも果して吾が心の良知に出づるか。是を以て之れを例うれば、万事万物の理、皆然らざること莫し。是れ以て心と理とを析つて二と為すことの非を知るべし。夫れ心と理とを析って二と為すは、此れ告子義外の説にして、孟子の深く闢ける所なり。

王陽明は、「心」がそのまま「理」であるとみなし、「吾が心の良知は、即ち所謂天理なり。吾が心の良知の天理を事事物物に致せば、則ち事事物物皆其の理を得るなり。吾心の良知を致すとは、致知なり[20]」と主張する。王陽明が主張する「心即理」の立場では、学習とは人の「心」の自覚能力を呼び覚ますことであり、労思光氏が指摘しているように、「陽明の心中には『認知活動という独立領域』は存在していない[21]」のであり、よって、「教育」とは決して単なる純粋な知識の伝授や認知活動ではなかったのである。

儒教的教育哲学における人性論の理論的基礎に関する二つ目の問題は、「知」と「行」はどのような関係にあるのかという問題である。「知」と「行」の関係は、中国思想における重要な問題の一つであり、『尚書』説命に「知の艱きに非ず、行の惟《こ》れ艱きなり[22]」という指摘が見られ、先秦時代の孔門では、「学」を講じる場合には、「知」と「行」の両方が合わせて取り上げられている。朱子が「学」を論じる場合には、「学の言たるや効なり」と強調されているが、重点はやはり「行」という実践に置かれていた[23]。しかし、問題は、学習者の「認知活動」が「実践活動」へと展開していくことがどのようにして可能かということである。

王陽明は、儒教的教育哲学におけるこのような理論的問題について、「知」が「行」へと展開するポイントとして「致良知」を提起した。王陽明は次のように指摘している[24]。

鄙人の所謂致知格物のごときは、吾が心の良知を事事物物に致すなり。吾が心の良知は、即ち所謂天理なり。吾が心の良知の天理を事事物物に致せば、則ち事事物物皆其の理を得るなり。吾が心の良知を致すとは、致知なり。事事物物、皆其の理を得るとは格物なり。是れ心と理とを合して一と為す者なり。

王陽明は、いかなる学習活動も必ず学習者の「良知」に回帰しなければならないと指摘する。「吾が心の良知を事事物物に致す」ことによって、教育が過度に外を務めて内を忘れ、玩物喪志に陥る弊害を免れることができるのである。

「認知活動」から「実践活動」へという問題については、一九世紀朝鮮の儒者朴宗永（字は美汝、号は松塢、？—一八七五）も次のように説いている[25]。

学とは、其の未だ知らざるを知らんと欲し、其の未だ能くせざるを能くせんと欲するなり。而れども其の帰を究むれば、則ち知行を兼ねて言い、其の本然の善に復らんと欲するのみ。

朴宗永がここで指摘している学習の目的は、「其の本然の善に復る」という点にあり、王陽明の「致良知」の説と互いに呼応する。

総じて東アジアの儒者、特に陽明学系統の儒者は、教育が可能であるのは、人の「心」と事物の

「理」とは同じ本質（essence）を持っているからであり、教育の目的は学習者が内在させている善性に回帰し、それを発揮させる点にあると主張した。儒者が説いていることは決して単なる「論述」（discourse）ではなく、学習者と関わる（agent-relative）実践の方式あるいは行動の原則であったのである。

四　如何にして教育を行うか

1　理念

もし教育の目標が、心の奥底に存在している善性を呼び覚まし、それを守り、成長させることにあるのならば、教育という営みはどのように進めたらよいのだろうか。

東アジアの儒者には、教育の方法について様々な見解が見られるが、具体的には、彼らが営む書院において実施された。孟子の教育方法から見てみると、孟子は三つの重要な教育方法を提起しており、それが東アジアの儒者の共通認識となっている。[26] まず一つ目は、学習者の心の修練を極めて重視することである。孟子は、人は生まれながらにして「良知」と「良能」を備えていると考え、「人の学ばずして能くする所の者は、其の良能なり。慮からずして知る所の者は、其の良知なり」（『孟子』尽心上）と指摘している。しかしながら、「良知・良能」を具有している「心」がきちんと保護・涵養されず、見失われた状態になっている。よって、孟子は、「学問の道」とは見失ってしまった「本心」を取り戻し、「自我」の主体性を再構築することだと考えている。あらゆる教育の方法は心の修練であり、心の修練は必ず具体的な状況において試練を経なければならず、これが後世の中国の思想家の所謂「歴事練心」ということであった。「人の徳慧術知有る者は、恒に疢疾に存す。独り孤臣孽子のみ、其の心を操るや危《おそれつつし》み、其の患を慮るや深し。故に達す」（『孟子』尽心上）とあるように、孟子は、このような「歴事練心」の逆境にある者であってこそ生命の高みに達し得ると考えた。

　二つ目の教育方法は「材に因りて教えを施す」ということである。孟子は、「教えもまた術多し。予、之れを教誨するを屑しとせざることも、是れまた之を教誨するのみ」（『孟子』告子下 一六）と言い、また「君子の教うる所以の者は五、時雨の之を化するが如き者有り、徳を成す者有り、財を達する者有り、問いに答うる者有り、艾に私淑する者有り。此の五者は、君子の教うる所以なり」（『孟子』尽心上）と言うように、孟子は孔子と同じように素質に応じてふさわしい教育を施すことを重視している。これこそ孟子が孔子から継承した教育原則であった。『論語』顔淵篇に次のようなエピソードが記載されている。仲弓が仁について質問すると、孔子は「門を出でては大賓を見るが如くし、民を使うには大祭に承《つか》うるが如くす。己の欲せざる所を人に施す勿かれ。邦に在りても怨無く、家に在りても怨無し」と答え、司馬牛が仁について質問すると、「仁者は其の言や訒」と答え、樊遅が仁について質問すると、「人を愛す」と答えている。このように、「仁」とは何かという弟子たちの質問に対する孔子の答えは、弟子の素質・レベルに応じて異なっていたのであり、これが孔門の素質に応じて教えを施すという教育方法の具体的実践に他ならなかった。

　孟子の三つ目の教育方法であり、また東アジアの儒者の共通認識となったものは、「モデル教育」である。

公孫丑曰く、「君子の子を教えざるは、何ぞや」と。孟子曰く、「勢い行われざればなり。教うる者は必ず正を以てす。正を以てして行われざれば、之に継ぐに怒を以てす。之を継ぐに怒を以てすれば、則ち反って夷《そこな》う。『夫子、我に教うるに正を以てするも、夫子未だ正に出でざるなりと。』則ち是れ父子相夷うなり。父子相夷うは、則ち悪し。古は子を易えて之を教う。父子の間は善を責めず。善を責むれば則ち離る。離るれば則ち不祥、焉より大なる莫し」（『孟子』離婁上）。

「教うる者は必ず正を以てす」という点が、ここでの核心思想である。孟子はあらゆる教育の核心は、模範モデル（手本）の確立とその模倣にあると考えている。このような「モデル教育」の原則は、二〇世紀ハンガリー生まれの哲学者ポランニー（Machael Polanyi、一八九一―一九七六）の所謂「暗默知」（tacit knowing）の内容と極めて近似しているが(27)、このような「暗默知」は、モデルとなる教師の振る舞い、態度や思想を模倣し、体認することを通して獲得されるものである。

東アジアの儒教的教育家が共有している四つ目の教学方法は、「下学して上達す」（『論語』憲問篇）というものであった。孔子は、弟子たちを戒め、「多く鳥獣草木の名を識」り（『論語』陽貨篇）、日常生活の中において超越的な原理を悟得し、「特殊性」の中から「普遍性」を体得しなければならないと語っている。孔門の「下学して上達す」という学風は、まさしく神化不測の妙を人倫日用の間に体得するということに他ならなかった。一七世紀の儒者伊藤仁斎は、まさに日常性の中において、『論語』を「最上至極宇宙第一の書」として崇拝したのである。

孔子の「下学して上達す」という教学方法は、王陽明により最も透徹された形で展開されている。

『伝習録』に次のような問答が見られる(28)。

上達の工夫を問う。先生曰く、「後儒人に教うるに、纔かに精微に渉れば、便ち謂う、上達は未だ当に学ぶべからず、且《しばら》く下学を説けと。是れ下学・上達を分かちて二と為すなり。夫れ目の見ることを得べく、耳の聞くことを得べく、口の言うことを得べく、心の思うことを得べき者は、皆下学なり。目も見ることを得べからず、耳も聞くことを得べからず、口も言うことを得べからず、心も思うことを得べからざる者は、上達なり。木の栽培灌漑のごときは、是れ下学なり。日夜の息する所、条達暢茂するに至りては、乃ち是れ上達なり。人安んぞ能く其の力に預《あずか》らんや。故に凡そ功を用うべく、告語すべき者は、皆下学なり。上達は只だ下学の裏に在り。凡そ聖人の説く所、精微を極むと雖も、倶に是れ下学なり。学者只だ下学の裏より功を用いれば、自然に上達し去かん。必ずしも別に箇の上達の工夫を尋ねず」。

王陽明がここで強調しているのは、「下学」が即ち「上達」であり、両者は二つの異なる段階ではない、ということである。「即ち下学、即ち上達」とは、抽象的な知識は、必ず具体的な実践行為の中で初めて体認・悟得されなければならないということである。王陽明は、次いで、彼の「致良知」概念を例として取り上げ、「理論」（theoria）が「実践」（praxis）を離れることはできないという道理を次のように論証している(29)。

若し粗《ほ》ぼ温清定省の儀節を知るを謂いて、遂に之れを能く其の知を致すと謂わば、則ち凡そ君の当に仁なるべきことを知る者は、皆之れを能く其の仁の知を致すと謂うべく、臣の当に忠なるべきを知る者は、皆之れを能く其の忠の知を致すと謂うべし。則ち天下孰か知を致す者にあらざらんや。是を以て言えば、以て知を致すは之れ必ず行に在ることを知るべく、而して行わざるは之れ以て知を致すと為すべからざること明らかなり。知行合一の体、益々較然たらざらんや。

王陽明がここで我々に諭し示しているのは、『大学』に所謂「致知」[30]とは、決して抽象的な「論述」(discourse)ではなく、「致知は必ず行に在り」ということ、つまり「知行合一」ということであり、儒教が実学とされる根本的な理由もここにあった。「下学して上達す」という教育方法については、一八世紀末一九世紀初の朝鮮の儒者丁茶山(一七六二―一八三六)が、以下のような非常に見事な解釈を提供している。[31]

仁義礼智の名は、事を行いて後に成る。故に人を愛して後に之を仁と謂い、人を愛するの先は、仁の名未だ立たざるなり。我を善くして後に之を義と謂い、我を善くするの先は、義の名未だ立たざるなり。賓主拝揖して後、礼の名立ち、事物弁明して後、智の名立てり。

丁茶山のこのような説明には、東アジア儒学の「実学」精神が満ち溢れており、丁茶山は、「仁義礼智」という道徳理念は実践されて初めて確立し、感知されるものであり、「仁義礼智」とは決して

「先験的」な抽象命題ではないのだと主張しているのである。丁茶山のこのような哲学は、主観主義（subjectivism）でもなく、また「客観主義」（objectivism）でもない、ある種の「体験主義」（experientialism）だと言えよう。東アジアの儒者の「下学して上達す」という第四種の教育方法の哲学的基礎は、まさにこの「体験主義」にあったのである。

2　実践

我々が東アジアの儒者の教育方法や理念を考察する上で、最も有効な切り口は、儒者が自分の主宰する書院で掲げている「学規」を検証してみることであろう。よって、次に中・日・朝三地の書院の教育理念と実践を分析してみることとしたい。

東アジア地域において、中国の書院の歴史は古く、一〇世紀以降、各地に雨後の筍のごとくたくさんの書院が設立され、その多くは「学規」を掲げて師弟がともに勉学に励む目安としている[32]。東アジアの数ある書院の学規の中で、最も重要でかつ大きな影響を与えたのは朱子の「白鹿洞書院学規」であろう。その全文は以下の通りである[33]。

父子に親有り。君臣に義有り。夫婦に別有り。長幼に序有り。朋友に信有り。

右は五教の目なり。堯・舜の、契をして司徒と為りて、敬《つつし》んで五教を敷かしむるは、即ち此れ是なり。学とは此を学ぶのみ。而して其の之を学ぶ所以の序は、また五有り。其の別、左の如し。

博く之を学び、審らかに之を問い、謹んで之を思い、明らかに之を弁じ、篤く之を行う。

右は学を為《おさ》むるの序なり。学・問・思・弁の四者は、理を窮むる所以なり。夫の篤く行うの事の若きは、則ち身を修むるより以て事に処し、物に接するに至るまで、また各々要有り。其の別、左の如し。

言、忠信、行、篤敬。忿を懲《こ》らして欲を窒ぎ、善に遷りて過ちを改む。

右は身を修むるの要なり。

其の義を正して、其の利を謀らず、其の道を明らかにして、其の功を計らず。

右は事に処するの要なり。

己の欲せざる所は、人に施すこと勿れ。行いて得ざる有れば、諸《これ》を己に反求す。

右は物に接するの要なり。

熹窃かに古昔聖賢の人に学を為むるを教うる所以の意を観るに、之をして義理を講明し、以て其の身を修め、然る後に推して以て人に及ぼさしむるに非ざる莫し。徒に其の記覧に務め、詞章を為し、以て声名を釣り、利禄を取らんとするのみに非ざるなり。今人の学を為むる者は、則ち既に是れに反せり。然れども聖賢の人に教うる所以の法は具《つぶ》さに経に存す。志有るの士、固より当に熟読深思して之を問い弁ぜよ。苟くも其の理の当然を知りて、其の身を責むるに必然を以てすれば、則ち夫の規矩禁防の具、豈に他人の之を設くるを待ちて後、持循する所有らんや。

「白鹿洞書院学規」が掲げる教育目標は、五倫を教え諭すことにあり、教学方法は、「博学」・「審問」・「謹思」・「明弁」・「篤行」という五つのステップで構成されており、完全に孔門以降の「知行合一」

の宗風を追求する東アジア的教育理念を体現するものであった。かつ「行いて得ざる有れば、諸を己に反求す」というように、あらゆる学習は、「自己」に立ち返り、「自己」の「道徳主体性」を確立する為になされるものであった。

朱子が著した「白鹿洞書院学規」は、朝鮮と日本の書院における学規のモデルとなった。朝鮮時代の書院の学規は基本的に朱子の「白鹿洞書院学規」に基づき、それに修正を加えたものである。李滉(退渓、一五〇一―一五七〇)が定めた「伊山書院院規」と李珥(栗谷、一五三六―一五八四)が定めた「隠屛精舎学規」は、いずれも朱子の学規をモデルとして書かれている。その後、李滉系統の書院は、「伊山書院院規」を基本モデルとし、李珥系統の書院は「隠屛精舎学規」を基本モデルとして、時代に応じて調整が加えられ変化したものに過ぎない。よって「伊山書院院規」と「隠屛精舎学規」が朝鮮の書院学規のモデルとなっているのである。朝鮮時代の書院の学規は、それぞれの書院が自ら定めた規約であり、一般には「学規」という通称が用いられているが、その言い方は多様であり、「学規」、「学令」、「院規」、「斎規」、「斎憲」、「約束」、「講規」、「立約」、「訓示文」、「諭示文」など異なる名称が見られ、これらの名称から、儒者の書院教育が重視したものが教育の「規範的側面」であり、「知識的側面」ではなかったという事実を窺い知ることができる。[34]

李退渓の伊山書院は、慶尚北道栄州に一五五四年(明宗九年)に建てられたものである。退渓自ら「伊山書院」と名付け、院規を書いている。退渓の死後、彼の御霊が祀られ(一五七三年)、賜額書院に昇格している。この退渓が著した「伊山書院院規」が、朝鮮における書院の院規の嚆矢とされている。「伊山書院院規」の全文は以下の通りである。[35]

一、諸生の書を読むや、四書五経を以て本原と為し、学は家礼を門戸と為す。国家作養の方に遵い、聖賢親切の訓を守り、万善の我に本具するを知り、古道の今に践《ふ》むべきを信じ、皆務めて躬行心得・明体適用の学を為せ。其の諸史子集、文章科挙の業もまた之を為《おさ》めて旁務博通せざるべからず。然れども当に内外本末・軽重緩急の序を知るべし。常に自ら激昂し、墜堕せしむること莫れ。其余《そのほか》、邪誕・妖異・淫僻の書は並びに院に入れ眼に近づくるを得ず。道を乱し志を惑わすを以てなり。

一、諸生は志を立て、堅苦して、正直に趨向せよ。業は遠大を以て自ら期し、行は道義を以て帰と為す者は、善学と為す。其の心を卑下に処し、取舍眩惑し、知識未だ俗陋を脱せず、意望専ら利欲に在る者は非学と為す。如し性行常に乖《そむ》き、礼法を非笑し、聖賢を侮慢し、経に詭《たが》いて道に反し、醜言もて親を辱め、羣を敗《やぶ》り率わざる者は、院中共に議して之を擯《しりぞ》く。

一、諸生常に宜しく各斎に静処し、読書に専精すべし。疑難を講究するに因るに非ざれば、宜しく浪《みだ》りに他斎を過り、虚談して日を度し、以て彼我をして思を荒《すさ》ませ業を廃《すた》れしむるべからず。

一、故無く告無ければ、切に頻数《たびたび》出入をすること無かれ。凡そ衣冠・作止・言行の間、各々切偲に務め、相観て善し。

一、泮宮と明倫堂には、書に伊川先生の四勿箴、晦庵先生の白鹿洞規一〇訓、陳茂卿の夙興夜寐箴を掲ぐ。此の意甚だ好し。院中もまた宜しく此を以て諸を壁上に掲げ、以て相い規警す。

一、書は門を出づるを得ず、色は門に入るを得ず、酒は醸すを得ず、刑は用いるを得ず。書は出づれば失い易く、色は入れば汚れ易く、醸は学舎の宜に非ず、刑は儒冠の事に非ざればなり。刑とは諸生或は有司の私怒を以て外人を捶打するの類を謂う。此れ最も開端すべからず。若し院属の人罪有れば、則ち全く赦すべからず。小は則ち有司、大は則ち上有司と同じく罰を議論す。
一、院の有司は、近居の廉幹の品官二人を以て差定し、又た儒士の事理を識り義を行うこと有りて衆の推服する所の者一人を択びて上有司と為す。皆二年にして相遞《かわ》る。
一、諸生と有司、務めて礼貌を以て相接し、敬信もて相待て。
一、院属の人、恤を完くし、有司と諸生と、常に須く下人を愛護すべし。院事・斎事の外、人人私かに使喚するを得ること毋れ、私かに怒罰するを得ること毋れ。
一、院を立て士を養うは、国家の文を右《たっと》び学を興し、人材を作新する所以の意なり。人誰れか心を尽くさざらん。今を継いで県に莅《のぞ》む者は、必ず院事において、其の制を増すこと有るも、其の約を損なうこと無ければ、其の斯文において、豈に幸甚ならずや。
一、童蒙は、業を受くると招致せらるるに因るに非ざれば、入徳の門戸内に入るを得ず。
一、寓生は、冠・未冠に拘らず、定額無し。才を成せば乃ち院に升る。

李退渓の伊山書院における教育は、『四書』・『五経』を主とするものであり、彼は「伊山書院記」の中で、「今、何れの所に従事して可なるか。之れを五倫に本づきて窮理篤行を以て学を為むる者は、朱先生の白鹿洞規なり(36)」と指摘し、完全に朱子の提示した教育モデルに従っている。

李退渓の伊山書院以外に、李栗谷も官職を辞してから石潭に居住して教育活動を展開している。

石潭の地形は中国福建の武夷九曲に類似しており、栗谷は朱子の武夷精舎に倣って隠屏精舎を建て（一五七八年）、その学規を定めている。[37] さらに朱子の「武夷櫂歌」を真似て「高山九曲歌」を作っている。李栗谷はまた、一五五〇年に建文憲書院を建てており、その学規には、書院生が従うべき生活規範が事細かに示されている。[38] 総じて一四世紀以降、儒学的伝統は朝鮮社会の内部に深く浸潤し、儒教は国教に近い地位を得て影響力を振るうこととなった。[39] 中でも朱子学が朝鮮儒学の主流となったため、一六世紀以降の朝鮮の書院の学規は、基本的に朱子の「白鹿洞書院学規」をモデルとすることになったのである。

ここで日本の江戸時代の書院活動の方に目を転じてみよう。古学派の儒者伊藤仁斎（一六二七―一七〇五）は一七世紀に古義堂で講学活動を展開していたが、比較的規模の大きな書院は、一八世紀になってから大阪に初めて登場する。一八世紀になると、大阪地域は商業活動が盛んとなり、経済が発展し、「天下の台所」とまで呼ばれるようになる。大阪の懐徳堂書院は、もともと私塾であったが、五人の豪商の支援により公共教育の場へと変貌する。[40] 懐徳堂教育は朱子学を基礎としていたが、その教育理念は特に「義利合一」を重視するものであった。

朱子学の大阪懐徳堂に対する影響を最もよく示しているのは、天明二（一七八二）年中井竹山（一七三〇―一八〇四）が懐徳堂の第四代堂主に就任した時、朱子の「白鹿洞書院学規」を大きな板に刻みつけて講堂に置き、中井履軒（一七三二―一八一七）も「白鹿洞書院学規」を模写して懐徳堂の堂内に掲げた事実であり、これは朱子学的教育モデルの一八世紀の日本の教育界への影響を見事に反映するものであった。

日本の儒者の書院の学規にはもう一つ大きな意義が見られ、それは陽明学者大塩中斎（平八郎、一七九三―一八三七）が著した「洗心洞入学盟誓」を通して窺うことができる。「盟誓」は、まず冒頭で師弟の名を正すことを諭し、ついで書院の学規を以下のように列記している。(41)

忠信を主として聖学の意を失うべからず。若し俗習に牽制せられて廃学荒業、以て奸細淫邪に陥らば、則ち其の家の貧富に応じ、某告ぐる所の経史を購い以て出ださしむ。其の出だす所の経史尽く諸を塾生に附す。［……］

学の要は、孝弟仁義を躬行するにあるのみ。故に小説及び異端、人を眩《くら》ますの雑書を読むべからず。如し之れを犯せば、則ち少長と無く鞭扑若干。［……］

毎日の業、経業を先にして詩章を後にす。若し之れを逆施せば、則ち鞭扑若干。

陰かに交りを俗輩悪人に締《むす》び、以て登楼して酒を縦《ほしいまま》にする等の放逸を許さず。如し一たび之れを犯せば、則ち廃学荒業の譴《つみ》と同じ。

宿中、私かに塾に出入するを許さず。如し某に請わずして以て擅《ほしいまま》に出づれば、則ち之を辞するに帰省を以てすと雖も、敢て其の譴を赦さず。鞭扑若干。

家事に変故有れば、則ち必ず諮詢せよ。［……］

喪祭・嫁娶及び諸々の吉凶は、必ず某に告げ、与《とも》に其の憂喜を同じうせよ。

公罪を犯せば、則ち族親と雖も掩護すること能わず。諸を官に告げて以て其の処置に任せよ。願わくは儞們《なんじら》小心翼翼として、父母の憂いを貽《のこ》すこと莫かれ。

右の数件、忘るること勿れ、失うこと勿れ。此れ是れ盟をこれ恤えよ。

大塩中斎が定めた「入学盟誓」は、「忠信を主と」し、「孝弟仁義を躬行す」るといった修身徳目から日常生活の規則に至るまで明確に規定されており、それに違反したら鞭打ちの罰に処するというように、かなり厳格なものであった。

それでは、江戸時代の書院、私塾あるいは藩校において、講学活動はどのように進められたのか。前田勉氏（一九五六―）の研究によれば、江戸時代後期には、日本各地の藩校や私塾において、（一）素読、（二）講釈、（三）会読という三段階の学習方法が確立されていた。第一段階の「素読」とは、『四書』、『孝経』、『近思録』、『三字経』といった経典を対象として訓読朗誦がなされる。この段階は、およそ七、八歳から始められるが、経典の内容についての解釈はなされず、文字の習熟と暗誦を主とする。第二段階から「講釈」に進むが、この段階は一五歳くらいから始められ、学生は経典のある一章あるいは一節を聞いた後、一緒に朗読する。講釈という読書法は、山崎闇斎（一六一八―一六八二）学派において最も広く行われた。第三段階の「会読」は、一五歳頃、「講釈」と同時に進められる。年長者が指導者としてレベルの同じ学生を一室に集め、決められた経典の章句について問題を出し、互いに討論し合い、集団研究、共同学習を進めていく。[42]このような会読の場では、よく政治問題についても議論し合った。水戸藩の藤田東湖（一八〇六―一八五五）や長州藩の吉田松陰（一八三〇―一八五九）等、幕末の志士たちは会読の中で尊王攘夷を唱え、輿論を討議しており、儒学経典の会読の過程で、政治に関する議論も沸き起こったのである。[43]江戸時代の会読という学習活動は、中国明末の東林書院の学風とも呼応するものがあり、儒教教育に一貫して流れている経世の精神がよく現れていると言えよう。

本節で論じた点をまとめてみると、東アジアの儒者の教育方法は、先秦時代の孔孟に始まり、南宋の朱子によって発揚され、書院教育の中で具体的に実践されるようになっていったが、ことに朱子の「白鹿洞書院学規」は日・朝両国の書院の学規のモデルともなり、こうした学規を通して儒学的教育理念は東アジアにおいても具現化されていった。

五　結論

本章は、孟子・朱子と王陽明の教育哲学から出発し、中・日・朝各地の伝統的書院の学規を通して東アジアの儒教的教育理念及びその書院における具現化の様相について検討した。以上の検討を通して、結論として以下のような点を指摘できるのではなかろうか。

一、教育の本質と方法について言えば、東アジアの儒者は、教育は「無言の革命」であると考えている。孟子や王陽明、そして書院を興した中・日・朝の儒者たちは、教育の目的は知識や技術を伝授することではなく、学生の精神を奮い立たせる「無言の革命」だと考えている。つまり、教育とは、一九世紀の朝鮮の儒者朴宗永が言うように、「其の本然の善に復《かえ》える」ことに他ならないのである(44)。東アジアの儒者が重んじたのは、「心の錬磨」、「才能・素質に応じて教育を施す」、「モデル学習」及び「下学して上達す」といった教育方法であり、学生の精神に火をつけ、奮い立たせる「無言の革命」であった。

二、教育の目標について言えば、東アジアの儒者は、教育は「己の為にするの学」であると主張した。孟子は教育とは、自己の生命を呼び覚まし、主体性を確立し、自分を「大丈夫」（偉大な人物）へと高めていく「己の為にするの学」だと考えた。王陽明も、「学」とは「良知を致す」ことだと強調し、教育とは学習者の「本然の善」を回復し、学習者の生命に潜んでいる美徳を引き出し、それを的確に導き、存分に成長、開花させることだと考えた。これがつまり王陽明の言う「心と理を合して一と為す」ということであった[45]。

三、教育理念の実践について言えば、東アジアの儒者は、教育とは内から外に向かって「拡充」していく自己の生命の変革プロセスであり、「自己の変革」から「世界の変革」を引き起こすことを主張した。孟子は、心の「覚醒」と「拡充」を通して精神は連続的に発展し、個人から社会、そして宇宙へと展開していくことができると考えた。まさに孟子が「凡そ我に四端有る者、皆拡めて之を充すことを知らば、火の始めて然《も》え、泉の始めて達するが若くならん」（『孟子』公孫丑上）と指摘しているように、王陽明も、日常生活における実践の中で「良知」を体認することではじめて「下学して上達す」ることができると強調した。孟子や王陽明、そして東アジアの儒者たちは皆、教育を通して「個体」の変革から「世界」の変革に向かっていくプロセスが完成できると考えた。朱子の白鹿洞書院は、

「五倫」を学問の根幹と見なして教訓として掲げ、師弟共にその体得・実現に努めた。二〇〇〇年にわたり、東アジア地域の書院は、このような「自己変革」という目標を実現する学問共同体として機能してきたのであり、よって中・日・朝三地の儒家の書院には、必ず学生の振る舞いに対する厳格な規範が設けられていた。二〇世紀のドイツの哲学者ヤスパース（Karl Jaspers、一八八三―一九六九）の次の指摘は、儒家教育の理想と呼応するものがあるであろう。ヤスパースは言う、「教育は、個人及びその存在を団体的存在へと導いていく。彼が踏み込んだその世界は、偏屈な自分だけで立っている場所ではない。そこではあらゆる物が彼の微小な世界の生活を生き生きとしたものに変えてくれる。もし人が、もっと明朗でもっと充実した世界と一体となるならば、人は本当の自分となることができるであろう[46]」。ヤスパースのこのような見解は、儒教哲学にも通じるものである。東アジアの儒者が、「教育」の「外在的効果」ではなく、「内在的価値」（intrinsic value）を強調した点、また「教育」は「己の為にするの学」だと強調した点について言えば、儒家教育哲学は、まさに「伝統主義」（traditionalism）的教育哲学に他ならなかった[47]。

二一世紀というグローバル化の時代にあって、高度な科学技術と知識経済が驚くべきスピードで発展するに従い、大学における研究開発の成果は、常に文明の方向を転換するだけの潜在的能力を持っており、よって大学の重要性も日増しに高まっている。とは言うものの、大学はますますトータルな経済組織の一部分となっていき、「大学教育」が資本主義市場経済のために奉仕する「知識産業」になってしまっている。事実、世界貿易機構の貿易規範において、教育は「サービス業」に分類されており、その故に、二一世紀の大学教育は、卒業生の雇用可能性（employability）を重視するものとなっている。もし、一九世紀の大学教育が、エリートを養成するためのものであったとすれば、二〇世紀の大学教育は、中産階級と資産階級のために奉仕するものとなっているといえよう。これからの未来を展望すると、二一世紀の大学は、果たして社会福祉の向上を図るためのものとなるのであろうか、それとも個人の競争力を高めるためのものとなるのであろうか、熟考に値する問題であろう。二一世紀の大学教育に共通して言える盲点は、学生の内なる生命の成長を疎かにしている点にあるが、この人間の生命の成長ということこそ過去二〇〇〇年にわたって東アジアの儒教教育が最も重視してきた課題なのである。

現今の大学教育が直面している普遍的問題を考えてみると、先ず教学内容と生活実践との乖離という点があげられる。資本主義市場経済の世界においては、人文教育は市場の需要に適応し難いという傾向がある。例えば、日本では、二〇一五年六月に文部科学省が、人文社会科学系の学部・学科を設けている六〇校の国立大学に「改革」を推進するよう政令を出し、八月になるとすでに二六校が人文社会科学系の学部・学科を廃止、あるいは調整を図るとの対策を取り始め、大学教員の定員も縮減されつつある。文科省は、人文科学を攻撃・抑圧する意図はないと強く主張しているが、こういった措置は議論を呼び起こし、今後、どのように進展していくか定かではない[48]。日本の高等教育の変革は、世界のマスコミ、例えばイギリスの新聞「ガーディアン」でも重要記事として大きく取り上げられている。総じて、現代の大学が実施しているのは、基本的に「生活に便宜を与えるための教育」にほかならず、「生命を高める教育」とは日増しに疎遠となっている状況である。現段階の国内外の大学教育は、ますます知識の商品化、大学教育の市場化の方向に向かっていると言わざるを得ない[49]。このような状況において、東アジアの儒教教育の理念を振り返ることは、現状打開の方法として大いに役立つのではなかろうか。

現代の大学の教科書を中心とする教学方法は、「パッケージ化された知識」の伝授を重視し、学生の思考活動という「暗黙の次元」(tacit dimension)に触れることは少ない。第二次大戦後、科学技術が飛躍的に高まり、また大学の構造が大きく変わったことで、人文学や教養教育は片隅に追いやられ、「専門の驕り」と「反知性主義意識」が高まっている。一九三六年、シカゴ大学学長のハッチンズ(Robert M. Hutchins、一八九九—一九七七)が指摘したように、一九三〇年代のアメリカの大学には、「反知性主義意識」(anti-intellectualism)が溢れていた[50]。二一世紀の高度科学技術の発展に伴い、グローバル化した時代の中で、世界各国の大学教育は、実用性を重視し、学生の「雇用可能性」を高めることをより強調し、「反知性」的な意識と雰囲気がますますはびこるようになっている。一方、東アジアの儒教的教育哲学では、「自我」の変革を重視し、「下学して上達す」という点を強調するものであり、二一世紀の教育が抱えている問題を救済する作用を持っていると言える。

以上の分析をもとに、我々は結論として次のような見解を提出することができるのではなかろうか。孟子や王陽明、そして東アジアの儒者の教育哲学が二一世紀の我々に与えてくれる一つ目の教えは、学生の尊い生命・真の自己は教師によって覚醒されるのを待っているということ。儒者は、教育とは教師をモデルとした学習過程であることを強調する。荀子が指摘しているように、「学は其の人に近づくより便なるは莫し」(『荀子』勧学篇)であり、模範的な教師に身近に接し、学ぶことが最も重要なのである。東アジアの儒教的教育哲学が我々に与えてくれるもう一つの教えは、あらゆる教育は、現行の「其の外に出づ」という学習方法を改めて「其の内に入る」という学習方法へと向かっていくべきであるということ。「其の外に出づ」という教育方法(etic approach)では、学習者は観察者であり、知識の客観化・データ化・標準化・商品化を重んじるものである。「其の内に入る」という教育方法(emic approach)では、学習者は参加者であり、知識の内面化・「知識の知恵への転化」を重視するものである。「其の内に入る」という教育方式によってのみ「自己の変革」を遂げ、さらに拡充飛躍して「世界の変革」に達することができるのである。

[注記] 本章の内容は、二〇一五年一二月四日、中華民国通識教育学会年会における講演原稿をもとにしたものである。

注

(1) 劉宗周『論語学案』(台湾商務印書館、一九八六年)、巻一、一頁。

(2) 労思光『中国哲学史』(三民書局、一九八一年)、第三冊下、八九四—八九五頁、Lao Sze-kwang, "On Understanding Chinese Philosophy: An Inquiry and a Proposal," in Robert E. Allinson ed., *Understanding the Chinese Mind: The Philosophical Roots* (Hong Kong: Oxford University Press, 1989), pp. 265-293、労思光「対於如何理解中国哲学之探討及建議」、『中国文哲研究集刊』創刊号(一九九一年三月)、八九—一一六頁を参照。

(3) David Carr, "Education, Contestation and Confusions of Sense and Concept," *British Journal of Educational Studies*, Vol. 58, No. 1 (March, 2010), pp. 89-104.

（4）David Carr, *Making Sense of Education: An Introduction to the Philosophy and Theory of Education and Teaching* (London and New York: Routledge Falmer, 2003), p. 3.

（5）この点については以下の拙稿を参照。Chun-chieh Huang, "Mencius' Educational Philosophy and Its Contemporary Relevance," *Educational Philosophy and Theory*, Vol. 46, No. 13 (December, 2014), pp. 1462-1473.

（6）朱熹『孟子集注』、『四書章句集注』巻九、三二〇頁。

（7）儒家の「己の為にするの学」については、以下の文献を参照。徐復観「程朱異同」、『中国思想史論集続篇』（時報文化出版公司、一九八二年）、所収、五七〇頁、Wm. Theodore de Bary, *The Liberal Tradition in China* (Hong Kong: Chinese University Press; New York: Columbia University Press, 1983); Wm. T. de Bary, "Chu Hsi's Aims as an Educator," in Wm. T. de Bary and John W. Chaffee eds., *Neo-Confucian Education: The Formative Stage* (Berkeley and London: University of California Press, 1989), pp. 186-218.

（8）黄俊傑『徳川日本『論語』詮釈史論』（台湾大学出版中心、二〇一五年）、二三〇頁。

（9）王陽明『伝習録』巻上、「陸澄録」。

（10）佐藤一斎著・相良亨等校注『言志後録』、第四条、吉川幸次郎等編『日本思想大系四六・佐藤一斎・大塩中斎』（岩波書店、一九八〇年）、所収、二三七頁。

（11）R. S. Peters, "Aims of Education," in R. S. Peters ed., *The Philosophy of Education* (Oxford: Oxford University Press, 1973), pp. 11-57, esp. p. 14.

（12）R. S. Peters, *Ethics and Education* (London: George Allen and Unwin, 1966), Chapter 1, pp. 25-31 を参照。ピーターズは、教育を「規範的」側面と「認知的」側面の二つの方向に分けている。

（13）朱熹『孟子集注』、『四書章句集注』、巻一一、三三五頁。

（14）Plato, *Phaedo*, in Paul Friedländer, tr. by Hans Meyerhoff, *Plato: The Dialogues: Second and Third Periods* (Princeton: Princeton University Press, 1970), 63E-69E, pp. 42-43.

（15）David Carr, "Liberal Education and Its Rivals"「通識教育与教育哲学学術研討会」（台北：二〇一五年一〇月二日）における基調講演。

（16）朱熹『大学章句』「大学格物補伝」。
（17）市川安司「朱子哲学に見える「知」の一考察――『大学章句』「致知」の注を中心にして」（『朱子哲学論考』、汲古書院、一九八五年、二九―六八頁、所収）、大濱皓『朱子哲学』（東京大学出版会、一九八三年）、第七章、二三九―二六七頁を参照。
（18）朴文一『経義―論語』、『韓国経学資料集成』（成均館大学校出版部、一九八九年）、第二九冊、論語十二、所収。四五三―四五五頁。
（19）王陽明『伝習録』巻中、「答顧東橋書」。
（20）同右。
（21）労思光『新編中国哲学史』（三上）（三民書局、一九八三年）、四一六頁。
（22）李学勤主編『十三経注疏・尚書正義』（北京大学出版社、一九九九年）、巻一〇、「説命」、二五二頁。
（23）朱熹『四書或問』（上海古籍出版社、二〇〇一年）、巻一、一〇三頁。
（24）王陽明『伝習録』巻中、「答顧東橋書」。
（25）朴宗永『経旨蒙解――論語』、『韓国経学資料集成』第二九冊、論語十二、三九七―三九八頁。
（26）孟子の教学方法については、かつて別稿で詳しく論じている。黄俊傑『孟子』（東大図書公司、一九九三年初版、二〇〇六年増訂版）第六章を参照。
（27）Machael Polanyi, *The Tacit Dimension* (New York: Doubleday, 1966).
（28）王陽明『伝習録』巻上、「陸澄録」。
（29）同右、巻中、「答顧東橋書」。
（30）朱熹『大学章句』、『四書章句集注』、六―七頁。茶山の「仁」理解は、「心の徳、愛の理」を「仁」とする朱子の説を採用していない。この点については、近刊の拙著で詳しく論じている。Chun-chieh Huang, *East Asian Confucianisms: Texts in Contexts* (Göttingen and Taipei: V&R Unipress and National Taiwan University Press, 2015), pp. 86-87 を参照。
（31）丁若鏞『孟子要義』、茶山学術文化財団編『（校勘・標点）定本与猶堂全書』（茶山学術文化財団、二〇一二年）

第七冊、所収。引用文は「公孫丑第二・人皆有不忍人之心章」、六八頁。

(32) 鄧洪波教授は、一一六八年の呂祖謙（一一三七—一一八一）の麗沢書院学規から銭穆（一八九五—一九九〇）の新亜書院学規までを収集・編集して出版している。鄧洪波編著『中国書院学規』（湖南大学出版社、二〇〇〇年）を参照。

(33) 朱熹「白鹿洞書院学規」、陳俊民編校『朱子文集』（徳富文教基金会、二〇〇〇年）、第八冊、三七三〇—三七三二頁。

(34) 『韓国文集叢刊』に収録されている書院の学規で、一六世紀に属するものは以下の通りである。「白雲洞紹修書院立規」（周世鵬）、「伊山書院院規」（李滉）、「龍山書院斎憲」（朴光前）、「隠屏精舎学規」（李珥）、「隠屏精舎約束」（李珥）、「文憲書院学規」（李珥）。一七世紀に属するものは以下の通りである。「道東書院院規」（鄭逑）、「講法」（鄭逑）、「養正斎規」（尹舜挙）、「星谷書院儒生勧学規」（李惟泰）、「竹林書院節目」（兪棨）、「咸寧書院立約文」（洪汝河）、「魯岡書院斎規」（尹拯）、「示敬勝斎諸生」（尹拯）、「文会書院院規」（朴世采）、「南渓書堂学規」（朴世采）、「紫雲書院院規」（朴世采）。一八世紀に属するものは以下の通りである。「道峯院規（答道峯院規）」（権尚夏）、「観善斎学規」（申益愰）、「居斎節目」（李光庭）、「深谷書院学規」（李縡）、「忠烈書院学規」（李縡）、「道基書院学規」（李縡）、〈龍仁郷塾節目〉（李縡）、「老江書院講学規目」（尹鳳九）、「石室書院学規」（金元行）、「石室書院講規」（金元行）、「興学規範」（尹光紹）、「居斎学規」（李象靖）、「徳谷書斎月朔講会約」（安鼎福）、「洞中勧学節目」（李光靖）。

(35) 李滉「伊山書院院規」、民族文化推進会編『韓国文集叢刊』第三〇集（民族文化推進会、一九八九年）、所収、四三〇a—四三一a。

(36) 李滉「伊山書院記」、民族文化推進会編『韓国文集叢刊』第四一集、所収、四四五c—四四七b。

(37) 李珥「隠屏精舎学規（戊寅）」、民族文化推進会編『韓国文集叢刊』第四四集、所収、三三六d—三三八a。

(38) 同右、頁三三九c—三四〇c。

(39) Cf. Martina Deuchler, *The Confucian Transformation of Korea: A Study of Society and Ideology* (Cambridge, Mass. and London: Council on East Asian Studies, Harvard University, 1992), pp. 3-27.

（40） Tetsuo Najita, *Visions of Virtue in Tokugawa Japan: The Kaitokudo Merchant Academy of Osaka* (Chicago: University of Chicago Press, 1987), p. 8. 本書には以下の日本語訳がある。子安宣邦訳『懐徳堂——一八世紀日本の「徳」の諸相』（岩波書店、一九九二年）。また陶徳民『懐徳堂朱子学の研究』（大阪大学出版会、一九九四年）を参照。

（41） 大塩中斎「洗心洞入学盟誓」、宇野哲人監修・荒木見悟編集『陽明学思想大系八・日本の陽明学・上』（明徳出版社、一九七三年）、所収、五五二頁下。

（42） 前田勉『江戸の読書会——会読の思想史』（平凡社、二〇一二年）、三六—五三頁。

（43） 同右、一五頁。

（44） 朴宗永『経旨蒙解——論語』、『松塢遺稿』、『韓国経学資料集成』第二九冊、論語十二、所収、三九七—三九八頁。

（45） 王陽明『伝習録』巻中、「答顧東橋書」。

（46） カール・ヤスパース著・杜意風訳『雅斯培論教育』（聯経出版事業公司、一九八三年）、四—五頁。

（47） David Carr, "Traditionalism and Progressivism: A Perennial Problematic of Educational Theory and Policy," *Westminster Studies in Education*, Vol. 21 (1998), pp. 47-55.

（48） 『讀賣新聞』二〇一五年八月二四日付の記事を参照。ホームページは以下の通り。
http://www.yomiuri.co.jp/national/20150823-OYT1T50098.html（二〇一五年九月七日）

（49） Elizabeth Popp Berman, *Creating the Market University: How Academic Science Became an Economic Engine* (Princeton: Princeton University Press, 2012).

（50） Robert Maynard Hutchins, *The Higher Learning in America* (New Haven: Yale University Press, 1936), pp. 24-27.

第八章　王道文化と二一世紀における大中華の道

一　はじめに

二一世紀は世界の各方面で発展が見られるが、その中でも、中国大陸の台頭は、全世界の情勢にも関わってくる重大事であろう。三〇年に及ぶ改革開放により、中国の経済力は飛躍的に高まり、二一世紀の新たな世界秩序の中で、中国の国防や政治、外交面での影響力は日増しに増大しつつある。中国内部では、社会・経済・政治・文化的な問題が依然として続出しているが、世界史的な観点から見ると、現在の中国の状況は、ある意味で、明治維新が成功した後の日本と類似しており、今まさに歴史の十字路に立っているとも言える。二一世紀の中国が進んでいく道は、一体、ヨーロッパ列強がこの二〇〇年歩んできた「覇道」の道なのか、あるいは伝統的な中国文化の特色を持った「王道」の道なのか、中国の選択は、中華文化の命運を決めることになり、ひいてはこれからの人類の命運をも左右することになるであろう。

悠久なる伝統を有する中華文化の核心的価値という点から見るにしろ、二一世紀の世界の新たな情勢という点から見るにしろ、中国大陸・台湾・香港・マカオ地区を包括する中華文化圏は、この二一世紀、必ずや「王道文化」の道を進んでいかなければならないであろう。本章執筆の目的は、「王道文化」の淵源・内容、及び二〇世紀の孫文（一八六六—一九二五）の新解釈に対して分析を加え、同時に二一世紀の中華文化圏の前途はまさに「王道文化」の実践にかかっているのだということを論証する点にある。本章では、論証を進めていく上で、以下の三つの問題に焦点を絞って議論を展開したい。

（1）「王道文化」とは何か。孟子と孫文は「王道文化」をどのように解釈しているか。
（2）二一世紀の中国の前途はなぜ「王道文化」の実践にかかっているのか。
（3）中華文化圏は、二一世紀において、どのように「王道文化」を実践するのか。

二 「王道文化」の内容——孟子から孫文へ

「王道」は、『尚書』など古代の経典に「王道蕩蕩」、「王道平平」、「王道正直」（いずれも『尚書』洪範）などと見られる言葉であるが、「王道」を特に強調し、「王道」政治論を存分に展開したのは孟子であった。[1] 孟子は中国の戦国時代（紀元前四八〇—二二一）に生まれたが、当時は各国の間で「地を争いて以て戦い、人を殺して野に盈《み》つ。城を争いて以て戦い、人を殺して城に盈つ」（『孟子』離婁上）というような有様であり、孟子は、「王者の作らざる、未だ此の時より疏なる者有らざるなり。民の虐政に憔悴する、未だ此の時より甚しき者有らざるなり」（『孟子』公孫丑上）と痛感し、「王道」政治論を唱えることとなったわけであり、彼の「王道」論は戦国時代の政治的現実と深く関わっていた。孟子のいう「王道」とは、「先王の道」（『孟子』離婁上）を指しており、道徳を基礎とし（『孟子』公孫上に「徳を以て仁を行う者は王たり」とある）、人民を政治的主体とみなす「民本」を理想とするものである（『孟子』梁恵王に「民を保《やすん》じて王たらば、之れを能く禦ぐこと莫けん」とある）。「王」と「霸」の違いは、「徳」と「力」の違いであり、「公」と「私」の違いでもあった。さらには「義」と「利」の違いと見なすこともできる。孟子は、各国の国王に遊説してまわり、王道を尊び霸道を斥けることを説いたわけだが、孟子はすでに没落した周の天子を王として尊べと説いたのではなく、野心にあふれている戦国時代各国の国王自らが仁政を行い、生民を塗炭の苦しみから救えと説いたのである。孟子の王道政治論は、民を貴しとする古来の儒教精神を引き継ぎ、それを創造的に転換し、明確に人民を政治の主体とする民本思想を主張したのである。

孟子の「王道」政治論の核心は、「人に忍びざるの心」にあった。彼は言う、「人皆人に忍びざるの心有り。先王に人に忍びざるの心有り、斯に人に忍びざるの政有り。人に忍びざるの心を以て、人に忍びざるの政を行わば、天下を治むること之を掌上に運らすべし」（『孟子』公孫丑上）と。彼は戦国時代の君主に、ただ人が生まれつき持っている「人に忍びざるの心」を推し広め、実践しさえすれば、「人に忍びざるの政」を展開でき、「仁者無敵」の境地に至ることが可能だと諫め諭したのである。

孟子の「王道」政治は、その後二〇〇〇年にわたって中国政治思想の中で最高のモデルとされてきた。中国の歴史では、「武」ではなく「文」が理想として尊ばれた。二〇世紀の偉大な歴史家銭穆（一八九五—一九九〇）は、中国の史書が最も重視したのは、文化価値の伝承者と実践者、例えば伯夷・叔斉や孔子などであり、決して殺伐なる戦争で功績を挙げた英雄ではなかったと指摘している。(2) 孔子は言う、「遠人、服せざるときは、則ち文徳を修めて以て之を来たし、既に之を来たせば、則ち之を安んず」（『論語』季氏篇）と。中国の歴代政権が重視したのは文治であって武功ではなく、対外関係においても武力による征服ではなく、多くは文化の交流と融合とを強調し、「王道精神」を体現するものとなっている。

このような中国文化の「王道精神」は、二〇世紀の孫文（一八六六—一九二五）によって存分に発揮されることとなる。孫文は、一九二四（民国一三、大正一三）年一一月二八日、神戸高等女学校において、神戸商業会議所等五つの団体を対象に「大アジア主義」という講演を行い、センセーションを巻き起こした。孫文はこの講演の中で、まず一九世紀の末、日本が不平等条約を撤廃したことをアジア復興の起点だと讃える。ついで孫文は、ヨーロッパ文化とアジア文化とを比較し、ヨーロッパ文化は科学的であり、効能や利益を重んじており、ある種の覇道の文化であり、一方、アジアを代表する中国文化は仁義道徳を追求するもので、王道の文化であると考える。孫文から見ると、一九二〇年代の世界問題は、アジア（東洋）文化とヨーロッパ（欧米）文化の対比と衝突の問題に他ならなかった。そして最後に孫文は、次のように強く呼びかける。「あなた方日本民族は、既に欧米の覇道の文化を取り入れているが、アジアの王道文化の本質も有している。今後、世界文化の前途に対して、西方覇道の手先になるのか、あるいは東方王道文化の守護者となるか、あなた方日本国民は慎重に考え選ばなければいけない」[3]。このような講演は極めてセンセーショナルなものであり、日本の官民ともに敬意を払った[4]。

孫文の「大アジア主義」という概念は、二〇世紀初年以降の日本知識界の「アジア主義」論述と関わっている。一九〇三年、美術史で著名な岡倉天心（一八六二―一九一三）が『東洋の理想』と題する英文書を出版し、「アジアは一つである」（“Asia is one”）という主張を展開し、またアジア文化は人生の目的を追求し、ヨーロッパ文化は人生の手段を追求するものであると指摘した[5]。しかし、翌年に出版した『日本の覚醒』と題する英文書では[6]、岡倉天心の立場が「アジア一体論」から「日本盟主論」の方へ移ってきていることを、かすかではあるが確認することができる。一九二〇年代の日本的脈絡においては、思想としてのアジア主義が行動及び外交戦略としてのアジア主義に転向しつつあった[7]。一九二〇年代は、中国の人口が急激に増加し、都市化が進み、棉紡織業や新聞メディアが急速に発展した時代であり[8]、それはまさしく日本が最も中国を蔑視し、日中関係が最も緊張した時代でもあった[9]。孫文は当時の日本の知識人たちが聞き慣れている「アジア主義」という概念を用いながら、それを当時の日本的脈絡から取り出して「脱脈絡化」し、それを新たに一九二〇年代の中国と日本の政治関係の脈絡に置き直したのであり、引き続いて、孫文は、一九一八年以降、日本の帝国主義に対して公然と批判を加え[10]、彼の「北上宣言」に呼応し[11]、また一九二四年八月七日の中国国民党の日本国民に対する忠告宣言に呼応して、日本の中国人労働者排斥に対する批判を行った。孫文は、一九二四年一一月二八日、神戸の別の講演でも、日本は中国が不平等条約を解消することに協力すべきであると呼びかけた。孫文が、「大アジア主義」を掲げて、日本に対して中国を侵略する野心を放棄し[12]、アジア文化の王道精神に立ち返れと呼びかけたことは、二一世紀の今日にあっても斬新な時代的意味を持っていると思われる。

三　「王道文化」は二一世紀の中国が歩む道である

世界史上、多くの地域が、「伝統」から「現代」へと進む過程で革命という洗礼を通過しており、この一〇〇年、中国が味わった苦難も想像を絶するものであった。アヘン戦争以後、中国人民は、ヨーロッパ列強の侵略と革命の混乱の中にあって、血と涙で中国の近現代史を綴ることとなる。

中国が経験した二〇世紀は、憂患と苦難が混じり合った世紀に他ならなかった。一九〇〇年、義和団が北京各国の大使館を包囲すると、清朝政府は各国に宣戦し、イギリス・ロシア・ドイツ・フランス・アメリカ・日本・イタリア・オーストリア八カ国の連合軍によって北京城を攻略されることとなった。一九〇一年、北京議定書（辛丑条約）が調印され、中国はヨーロッパ列強と帝国日本の餌食となった。一九一一年、辛亥革命が起こり、清朝は滅亡する。孫文は、一九一二年、南京で中華民国臨時政府の大総統に就任する。しかしながら、民国成立後も憂患は途絶えることがなく、一九一五年、袁世凱（一八五九―一九一六）は自ら中華帝国の皇帝と称して権力をふるおうとした。そのような中、日本は中国に「二十一カ条要求」を出して、中国侵略の野心を明るみにする。一九一七年、張勲（一八五四―一九二三）が清朝の廃帝愛新覚羅溥儀を復位させる事件が起こる。ついで軍閥の混戦が生じ、人民は塗炭の苦しみを味わうこととなり、一九二八年の北伐が終了することで、中国はようやく形式上の統一を達成する。しかしながら、日本の軍閥の中国侵略の野心は日増しに高まり、じわじわと中国へと迫り、ついに一九三七年七月七日、蘆溝橋事件を起爆点として、中国は全面的に対日抗戦を展開する。一九三七年から一九四五年まで、中国は八年間の抗戦を繰り広げることとなり、その間、多くの人民は土地を奪われて離散し、苦難を味わうこととなった。抗戦に勝利した後も、今度は国共内戦が勃発し、一九四九年、中国共産党による政府が建てられ、国民党政府は台湾に移り、これ以後、中国は二つに分かれることとなる。大陸人民は、一〇年間の安定期間を経た後、またして「反右派闘争」（一九五七―一九五八）、「大躍進政策」（一九五八―一九六二）、「文化大革命」（一九六六―一九七六）といった一連の動乱に巻き込まれ、辛酸を嘗めることとなるのである。

しかしながら、驚くべきことに、文革終結後の三〇年余りにわたる改革開放により、中国大陸は、世界経済の新興勢力となった。二〇一〇年以降は、中国のGDPは日本を超え、世界第二位の経済大国となり、北京オリンピックと上海世界博覧会は、見事に開催され、中国大陸の経済が飛躍的に発展していることを世界中に示した。急速に発展する経済力の下で建設された中国大陸の高速鉄道は、その規模・距離・速度においていずれも世界一を誇っている。中国大陸の経済的勃興は、アジア全体の発展をも促進することになった。『週刊東洋経済』の統計によれば[13]、一九九六年から二〇〇五年に至るまでの一〇年間、アジア各国間の航空旅客の成長率は一〇九%となっており、全世界の国家間の平均成長率六〇%、アジアと北米間の六七%、アジアとヨーロッパ間の五九%、ヨーロッパ各国間の三六%をはるかに凌駕しており、中国大陸と台湾の間の直行便は常に満席となっている。また世界各地の、人口が一〇〇〇万を超えている一九の大都市のうち、一一の都市はアジアに存在している。アジアの台頭は、二一世紀のグローバル化時代に予想される新たな趨勢とみなすことができる。

二一世紀に入りもうすぐ二〇年が経とうとする現在、中国大陸は、明治維新に成功した後の大正時代の日本のように、歴史の十字路に立っている。これからの未来を展望するに、中国の政治は「覇道」に向かって展開していくのか、それとも「王道」に向かって展開していくのか。経済は「義」を追求して発展していくのか、あるいは「利」を追求して発展していくのか、「公」益に向かうのかあるいは「私」利に向かうのか。中国の選択は、中華圏の命運を決めるだけでなく、人類の未来にも影響を与えることになるであろう[14]。

二一世紀の世界の情勢から見ると、一九八九年に旧ソビエト連邦が崩壊して独立国家共同体となり、ベルリンの壁が倒壊して東西両ドイツが統一して以後、世界の政治経済のプレートは組み直され、地域経済が大幅に発展した。グローバル化の潮流が押し寄せる中、民族国家は次第に「境域解体化」しつつある[15]。政治学者のハンティントン（Samuel P. Huntington、一九二七—二〇〇八）は、前世紀の末に次のように指摘している。ポスト冷戦時代においては、伝統的な国と国との間の戦争はますます少なくなり、将来戦争が起こるとすれば、それは文明と文明の間でなされることとなり、その起爆点は、常に異なる文明の間の断層線上にあるであろう[16]。ハンティントンのこのような見解は、検討を要する点が多く存在しているが[17]、彼の予測は、基本的にここ二〇年の世界情勢と呼応している。二一世紀という各文明間の相互理解と対話が求められる時代にあって、中国の世界における影響力は日増しに強まっているが、中国は、過去二〇〇年の近代史に見られたような武力拡張と征服という覇道への道を絶対に繰り返してはならず、文化価値の共有を基盤とする「王道精神」に則って進んでいくべきであろう。

四　覇者は必ず亡びる——歴史の教訓

それでは、もし「覇道」という道を歩んだ場合、どのような帰結が待っているのであろうか。近年、ハーバード大学の歴史学講座教授ニーアル・ファーガソン（Niall Ferguson、一九六四—）は、二〇一〇年三・四月号の雑誌『フォーリン・アフェアーズ』に「複雑性と崩壊——辺境を混乱させる帝国」という論文を発表し、(18)歴史上の帝国は、多くの相互作用の要素によって構成されている複雑系であり、治と乱との間を迂回しながら前進するものであると指摘している。彼は、ローマ帝国・中国の大明帝国・フランスのブルボン王朝・大英帝国及び旧ソビエト連邦が、いずれも驚くべき速度で崩壊したことを振り返る。そして、最後に大多数の帝国の滅亡は、財政の悪化と関係しているとの結論を下している。ファーガソンは、特にアメリカの財政赤字が、二〇〇九年にはすでにＧＤＰの一一・二％に達し、公共債務は二〇〇八年に五兆八〇〇〇億ドルになっており、このままでは二〇一九年には一四兆三〇〇〇億ドルに達するであろうと警鐘を鳴らす。彼は、アメリカは崩壊の瀬戸際まできているという悲観的な予測を下している。

アメリカの国勢が下り坂を歩み始めているだけでなく、欧州連合の状況も決して楽観的ではない。二〇一一年八月二二日に出版された『タイム』誌に次のような内容の長文の記事が掲載されている。通貨ユーロの危機が欧州連合を崩壊の危機に直面させており、欧州連合の失業率は九・四％で、アメリカにはグローバル経済を牽引していく力はすでになく、アメリカの失業率も九・一%に達している。そして欧州連合の二大経済国であるドイツとフランスにも欧州連合を救う力はない。執筆者であるラナ・フォローオハール（Rana Foroohar, 1970-）氏は、この記事のタイトルに「ヨーロッパの終焉」（"The End of Europe"）という悲観的な言葉を用いている。(19)

ファーガソンと『タイム』誌が下している、アメリカとヨーロッパが崩壊に面しているという予測は、悲観的すぎるかもしれないが、この二〇〇年余りに生じた大英帝国の崩壊とアメリカの国力の没落は、確かに財政上の過度の拡張的支出と密接に関係しており、「拡張的支出」の悪化は、まさに「覇道」政治（対外戦争を引き起こすことなど）が必然的にもたらした結果に他ならない。こうした歴史的な事例は、我々に「王道」精神が二一世紀において持っている意味と価値とを改めて確認させてくれるであろう。

歴史上の大帝国が覇道的な拡張政策をとって滅亡に至った事例以外に、アジアの近代史で最も教訓となるのが日本帝国の急速な勃興と敗亡であろう。日本は、「明治維新」によって江戸幕府を倒し、天皇を中心とする新政府を建てた後、国力が高まり、一八九四年の日清戦争で清王朝を破り、一躍して東アジアの覇権を握ることとなり、「脱亜入欧」という思想的潮流の下で、次第にヨーロッパ列強が二〇〇年にわたって展開してきた「覇道」の道に向かって突き進んでいった。日本帝国を中心とする「大東亜共栄圏」を構築しようと企て、アジア各国の人民に未だに消し去ることのできない深い傷をもたらすことになった。近代日本の「文明開化」を導いた福沢諭吉（一八三四―一九〇一）は、あの時代の日本人は、明治維新という大変革を経験して、誰もが二つの「身体」、つまり「漢学の身体」

と「洋学の身体」とを持っていたと指摘している。[20] 彼の言う「漢学の身体」とは東洋文化を体現した自己であり、「洋学の身体」とはヨーロッパ文化を体現した自己であると見なすことができよう。二〇世紀の前半、日本は「洋学の身体」に導かれて、隣国を侵略する「覇道」の歴史的路線を歩むことになったが、一九四五年八月一五日、日本は「無条件降伏」を受け入れ、第二次世界大戦は終結し、日本帝国の「覇業もすべて戦争によって台無し」[21]（徐復観の詩）ということとなったのである。

実は一九二四年一一月、孫文が「大アジア主義」という講演で、日本に「王道」を理想とする東洋文化に立ち返れと忠告した八年前の一九一六年、インドの偉大な詩人タゴール（Rabindranath Tagore、一八六一―一九四一、一九一三年にノーベル文学賞を受賞）が日本を訪れ、「日本の民族主義」と題する講演を行い、その中で日本に次のように警告していた。「全世界は、この偉大な東方民族が、手中に機会と責任を受け取った今、何をしようとしているのかを注視している。もし単純にヨーロッパの真似をするならば、日本が喚起した大きな希望は虚しく断たれることになる。なぜなら西洋文明は、全世界に対して厳重な問題をもたらしたからである。しかし、未だ円満な答えは見つかっていない」[22]。タゴールはさらに、日本の本当の危機は、ヨーロッパの民族主義が動力となり、日本の社会の理想が政治の手によって打ち負かされることであるとも指摘している。彼は、日本は「掠奪と機械的効率の文明ではなく、精神文明と人類相互の深厚な関係を基礎とする文明」に立ち返るべきだと呼びかけている。[23] タゴールによる一九一六年の日本に対する呼びかけと孫文による一九二四年の日本に対する呼びかけは、前後呼応しており、いずれも日本が東方の「王道文化」に立ち返ることを期待するものであった。しかし、一九二〇年代以後、日本帝国が歩んだのは、「王道」ではなく「覇道」の道であり、悲劇的な結末を迎えることになるのである。

五　「王道文化」の二一世紀中華文化圏での実践

次に「王道文化」の核心的価値と実践の問題について検討していきたい。

孟子が提唱した「王道」は、二つの核心的価値理念を包括するものであった。一つは、独占ではなく分かち合いを強調すること。孟子が堅持した王覇を区別するポイントは、義か利かという点であった。先秦時代の孔門は「義」と「利」を対比させ、「公利」を重んじて「私利」を斥けた。孔子は、子張が政治を行う道を尋ねた時、「民の利する所に由りて之を利す」（『論語』堯曰篇）と答えており、また『易』には、「利とは、義の和なり」（『易』乾卦・文言）ともあり、いずれも「利」を分かち合うことによって、初めて「義」を成就できることを示している。孟子は梁恵王を「古の人は民と偕《とも》に楽しむ。故に能く楽しむなり」（『孟子』梁恵王上）と諫めており、「分かち合う」ことこそ「王道」政治の核心的価値理念であることを教えてくれる。

孟子の「王道」の二つ目の核心的価値は、「推恩」と「拡充」にある。孟子は、「先王、人に忍びざるの心有れば、斯に人に忍びざるの政有り」（『孟子』公孫丑上）と語っており、そのポイントは統治者が自分の「人に忍びざるの心」を拡充するという点にある。例えば、中国古代の聖王、禹は「天下に溺るる者有れば、由《なお》己之を溺らすがごとしと思えり」（『孟子』離婁下）とあるように、必ず統治者の人を愛する心を推し広めて現実化しなければならないのである。

「王道」精神の核心的価値から出発すると、理想の政治は、徳によって国を治めることであり、まさに孟子が指摘しているように、「徳を以て仁を行う者は王」（『孟子』公孫丑上）、であり、このように「力」ではなく「徳」による新たな政治は、「民を保《やす》んじて王たらば、之れを能く禦《ふせ》ぐ莫きなり」（『孟子』梁惠王上）という境地にまで達することができ、「国強ければ必ず霸」となり、「霸者は必ず亡ぶ」という歴史的宿命を免れることができるのであった。「王道」政治は、必然的に大多数の人民の生活福祉を保証し、「生を養い死を喪して憾《うら》み無きは、王道の始めなり」（『孟子』梁惠王上）という裕福な社会を実現することができるのである。

「王道」精神を基礎とする社会経済政策は、必然的に「分かち合い」という価値理念に基づくこととなる。一九五〇年代、台湾が実施した「公地放領」、「三七五減租」、「耕者有其田」といった土地改革政策は、歴史上の模範であり、孫文の民生思想の初歩的な実現と見なすことができるであろう。一九二四年八月二三日、孫文は広州において農民運動講習所の学生に訓話をし、「耕した者がその田を所有する」という政策は、農民を保護する具体的措置であるとの見解を示し、次のように語っている。「我々が農民の苦しみを解決しようとしたら、結局、耕した者にその田を所有させるという政策に帰結する。これはつまり、農民に自分が苦労した成果を手に入れさせ、他人に奪わせないということを意味する」[24]。孫文は、中国の農民が置かれている状況に深く同情したが、民国成立以後の混乱のため、国民政府に大陸で土地改革を実施する機会を与えることができなかった。一九三二年一〇月になると、福建の龍岩で土地改革が実施されたが、一九三四年六月には早々と終了してしまっている。一九四三年、福建省政府は「扶植自耕農弁法」を成立させ、一九四九年一月に実施したが、戦乱によって成果を見ることはできなかった。それ以外に、四川省でも一九四九年の初夏、全省一三八県で租税削減計画を実施し、貴州・広東両省にもこまごまとした計画があったが、いずれも戦乱のためこれといった成果を出すことができなかった。一九四九年三月以降、台湾で進められた一系列の土地改革計画は、歴史上、目に見える足跡を確かに残した貴重な事例であろう。一九五〇年代初期の台湾の土地改革政策が成功したのは、徹底的に台湾の土地所有権の構造を改変し、自作農の数が急速に増加したからである。一九五三年には、全省の総農家数に占める自作農の割合は五四・八五%にまで高まり、一九五四年には五七・五九%、一九五五年には五九・一二%を占めるまでになる。総じて、一九五一年から一九六〇年までの一〇年間に、自作農の数は全農家数の五五・九二%を占めるようになったのである。また、全台湾の耕作農地に占める自作農地の割合も大幅に上昇し、一九五二年には五七・二四%であったのが、一九五三年には一気に七五・四三%にまで高まっている。[25]このような土地所有権の構造改革は、有力な自作農階級を生み出し、農業の復興に付随して工業の発展をも促すことになり、一九六〇年代中期以後の都市中産階級が豊かに育まれ、それが基礎となって、一九八〇年代以後、台湾の民主化を進める社会的な力を形成していったのである。[26]

六　結論

二一世紀も二〇年になろうとしている現今、歴史は、中華民族に「王道文化」の正しい軌道に立ち返るよう呼びかけている。毛沢東（一八九三―一九七六）が一九四〇年一月の「新民主主義論」の中で説いているように「中国革命は世界革命の一部分」であり[27]、二一世紀の中国は、「王道」と「霸道」の十字路に立って選択を迫られており、この選択は、単に全中国人社会の動向を決定するだけでなく、世界のこれからの命運をも動かすことになる。ただ中国が「王道」の道を歩むことでのみ、人類の平和は保障されるのである。

中華文化と社会の核心的価値理念は王道精神に他ならない。二〇世紀のイギリスの哲学者ラッセル（Bertrand Russell、一八七二―一九七〇）は、一九二〇年から一九二一年の一年間、中国に滞在したことがあるが、一九二二年に出版した『中国の問題』という本の中で、当時の中国の衰微と災難を嘆きながらも、中国人の平和を好み、敵対する者を受け入れ、人とともに善を為し、自由を喜び、他人を支配するのを嫌うといった美徳に敬意を払い高く評価している[28]。九〇年前にラッセルが、中国文化の持っている王道精神に対して敬意を示したことは、中国が台頭している二一世紀において、深い啓示的意味を持っている。

二一世紀の歴史の転換点とも言える今、台湾は、鍵ともなる極めて重要な地位にある。台湾島は地理的に、太平洋とヨーロッパ・アジア大陸が交差する大変優越したところに位置しており、漢民族の海外移民が最も多い島であり、また東西文化の交流の要ともなっている。それ故に、一九世紀末の日清戦争（一八九一―一八九四）が起こる三年前、池志徵（一八五三―一九三七）は、上海から台湾に遊覧に訪れ、三年間で全台湾をめぐり、『全台遊記』を著し、その結語で次のように記している。「台湾は海外の一島と雖も、然れども亦た東南七省の藩籬、〔……〕台湾失われざれば、則ち東南の半壁、屹たること長城のごとく、台湾若し失わるれば、則ち沿海の諸省、豈に遂に百年の無事を保たんや[29]」。台湾の地政学上の重要性は、二一世紀のグローバル化した時代においてより増していると言えるだろう。しかし、台湾は、地理的な優越性を有しているだけでなく、それ以上に重要なのは、人文風土における特殊性が中華文化を基礎とする多元的文化の中で開花し、この数百年にわたって、異なる時代の政権と人民が台湾のために新たな文化的生命力と活力とを注ぎ込み、人を感動させ得る文化の交響曲を奏でているという点である。

台湾という多元文化の交響曲の中で奏でられている主旋律は、台湾の民間社会の中に潜んでいる深厚な「王道文化」に他ならない。このような「中道精神」を基礎とする「王道文化」は、一〇年の動乱を経た後も壊されることなく、近代西洋の資本主義の「精神的汚染」も相対的にそれほどひどくはなかった。台湾の民間社会にみなぎる慈悲と慈愛の心は、極端に走るいかなる政治的主張や社会経済政策を支持することはないであろう。このような「王道文化」の伝承は、二一世紀において中国が台頭するのに応じて民族復興の精神的資源となり、またこれからの東アジア文明の共同資産ともなるであろう。

［注記］本稿は二〇一一年四月「王道思想的当代意義研討会」における基調講演の原稿であり、初出は劉兆玄・李城主編『王道文化与公義社会』、国立中央大学出版中心、二〇一二年、一〇七―一二二頁。

注

（1）この点については、以下の拙著を参照。「孟子的王道政治及其方法論預設」、『孟学思想史論・巻二』（東大図

書出版公司、一九九一年）、第六章、所収、一六一―一八七頁。
（2）銭穆『中国史学名著選読』、『銭賓四先生全集』（聯経出版、一九九八年）、第三三冊、所収、八一頁。
（3）『国父全集』（近代中国出版社、一九八九年）、第三冊、五四二頁。
（4）この講演資料については、陳徳仁・安井三吉編『孫文・演講「大アジア主義」資料集』（法律文化社、一九八九年）、特に安井三吉「講演「大亞細亞問題」の成立とその構造」、一―三九頁を参照。
（5）Okakura Kakuzō, *The Ideals of the East: with Introduction and Notes by Hiroshi Muraoka* (London: John Murray, 1903; Tokyo: Kenkyusha, 1931). 日本語訳は、『東洋の理想――特に日本美術について』（ぺりかん社、一九八〇年）。
（6）Okakura Kakuzō, *The Awakening of Japan* (New York: Century Co., 1904).
（7）王屏『近代日本的亜細亜主義』（商務印書館、二〇〇四年）を参照。二〇世紀の日本のアジア主義の原典資料については、竹内好編『アジア主義』（筑摩書房、一九六三年）を参照。
（8）狭間直樹「国民革命の舞台としての一九二〇年代の中国」、狭間直樹編『一九二〇年代の中国』（汲古書院、一九九五年）、三―三二頁。
（9）山根幸夫『大正時代における日本と中国のあいだ』（研文出版、一九九八年）。
（10）陳鵬仁「孫文の大アジア主義と日本」、『華岡外語学報』第一一期（二〇〇四年三月）、一―一二頁。
（11）彭沢周「中山先生的北上与大亜洲主義」、『大陸雑誌』第六六巻三期（一九八三年三月）、一―一九頁。
（12）趙軍『大アジア主義と中国』（亜紀書房、一九九七年）、第六章、「『吾人之大亜細亜主義』における孫文の対日観――孫文と大アジア主義」、一八九―二三四頁を参照。
（13）張漢宜・辜樹仁「全球航空争霸戦、亜洲佔鰲頭」、『天下雑誌』第三七八期（二〇〇七年八月一五日）、一〇八―一〇九頁を参考。
（14）中国が経済的に興隆するにつれて、中国の今後の動向は、アメリカの学術界の関心の的となっている。近年、大宋帝国と明帝国と周辺国家の相互関係から分析を加える学者が現れ、九六〇年から一六四四年までの中華帝国は、国際権力の均衡に依存した状況にあり、「和」と「戦」の間を行ったり来たりしていたと指摘している。彼はまた、二一世紀中国は、もし国力がアメリカより弱い時は、中国は守勢の態勢を取るが、もし時勢が中国にとって有利になれば、中国は強気の態度を示すであろうと予測している。Yuan-kang Wang, *Harmony and War: Confucian Culture and Chinese Power Politics* (New York: Columbia University Press, 2010) を参照。中国の台頭に応じてアメリカが今後どのような政策を取るべきかという対応策については、学者の間で見解が大きく分かれている。キッシンジャーは、最近の新著の中で、米・中双方の悲劇的な衝突は避けるべきで、中国の台頭に対しては紳士的な態度で受け入れ、地位を譲るべきだとの考えを示している。Henry Kissinger, *On China* (New York: Penguin Press, 2010) を参照。一方、米・中両国の利益が衝突する領域に関しては、アメリカは強硬的な態度を取るべきだという学者もいる。Aaron Friedberg, *A Contest for Supremacy: China, America, and the Struggle for Mastery in Asia* (New York: W. W. Norton, 2011) を参照。

(15) ベック（Ulrich Beck）著・孫治本訳『全球化危機』（台湾商務印書館、一九九九年）、九〇—九一頁。

(16) Samuel P. Huntington, *The Clash of Civilizations and the Remaking of the World Order* (New York: Simon and Shuster, 1996)。

(17) Chun-chieh Huang, "A Confucian Critique of Samuel P. Huntington's Clash of Civilization," *East Asia: An International Quarterly*, Vol. 16, No. 1/2 (spring/summer, 1997), pp. 148-156.

(18) Niall Ferguson, "Complexity and Collapse: Empires on the Edge of Chaos," *Foreign Affairs* (March/April, 2010), pp. 18-32.

(19) Rana Foroohar, "*The End of Europe*," *Time*, Vol. 178, No. 7 (August 22, 2011), pp. 20-25.

(20) 福沢諭吉自身が彼の言う「一身両世」、「一人両身」の代表的人物に他ならなかった。『福翁自伝』を参照。

(21) 徐復観「東行雑感」、『中国文学論集続篇』（台湾学生書局、一九八一年）、所収、二五二頁。

(22) タゴール著・譚仁俠訳『民族主義』（商務印書館、二〇〇九年）、三〇頁。

(23) 同右、三六頁。

(24) 孫文「演講・耕者要有其田（民国一三年八月二一日在広州農民運動講習所演講）」、『国父全集』（近代中国出版社、一九八九年）、第三冊、所収、四九五—五〇一頁。

(25) Rural Economics Division, JCRR, *Taiwan Agriculture Statistics, 1901-1965* (Taipei: JCRR, 1966), pp. 9, 12.

(26) 黄俊傑「土地改革及其対台湾農村与農民的衝擊」、黄俊傑『戦後台湾的転型及其展望』(台湾大学出版中心、二〇〇七年)、五五―七〇頁、所有。

(27) 毛沢東「新民主主義論」、『毛沢東選集』(人民出版社、一九六四年)、六五五―七〇四頁、所収。引用文は六五九頁。

(28) Bertrand Russell, *The Problem of China* (London: Allen & Unwin, 1972), Chapter xi, esp. 195.

(29) 池志徴『全台遊記』、『台湾遊記』(台湾銀行経済研究室、一九六〇年、『台湾文献叢刊』第八九種)、所収、一六頁。

第九章　孫文の思想とその二一世紀における意義

一　はじめに

一九一一年の辛亥革命から今日に至るまでの一〇〇年余り、中国が歩んできた歴史の道は非常に苦難に満ちたものであった。中国大陸と台湾、二つの区域の中国人（華人）は、二一世紀に入ると、歴史の十字路に立たされ徘徊している状況である。我々は、このような時期の台湾において共に大いなる中華及び東アジアのために新たな出口を見つけようとしている。これは非常に有意義なことであって、我々は、国父孫文（一八六六―一九二五）の思想を基礎としてこの問題を改めて考え直し、新たに出発することができる。より具体的に言えば、我々は、以下の三つの問題について共に考えていくことができる。一つ目は、二一世紀の東アジアの平和と戦争の歴史背景と現状はどのようなものであるのか。二つ目は、孫文が一九二四年、神戸での講演において提唱した「大アジア主義」の内容とはどのようなものなのか。それは、どのような歴史的脈絡と背景を持っていたのか。三つ目は、孫文の所謂「大アジア主義」の核心的価値とは何なのか。二一世紀の東アジアの平和に関してどのような教えをもたらしてくれるのか。

二　歴史上の東アジアと現実の東アジア――危機から転機へ

ではまず一つ目の問題から考えてみよう。この問題は、歴史上の東アジアと現実の東アジアとに関わっている。ここで問題となっている「歴史上の東アジア」と「現実の東アジア」という言い方は、おそらくポストモダニストから次のような詰問を受けるであろう。「東アジア」とはどの「東アジア」なのか。どのような定義での「東アジア」なのか。誰の「東アジア」を言うのか。「実体としての東アジア」なのか、それとも「想像の共同体としての東アジア」なのか、などなどである。筆者がここで用いる「東アジア」という言葉の基本的意味合いは、京都大学の山室信一（一九五一―）氏の言う「東アジア」に近い。山室信一氏は、『思想課題としての東アジア』[1]という著書の中で、次のように指摘している。「アジア」という名詞は、基本的にヨーロッパ人が、ヨーロッパ勢力を拡張するにしたがって東アジア人のために創った名詞であり、山室氏はそれは「与えられたアジア」であると考える。実際には、別にもう一つの「アジア」があり、それは「創り出されたアジア」であり、数千年にわたってアジアの人民がその地で苦労して作り上げてきた自分の東アジアであり、近代ヨーロッパ列強によって与えられた“Far East”あるいは“East Asia”という名称に依存するものではない。

歴史上の「政治的東アジア」と「文化的東アジア」はいくつかの変遷を得ている。まず政治面からみると、概ね以下の四つ段階に分けることが可能である。第一の段階は、近代以前の東アジアであり、この段階では、中華帝国の朝貢体制を基礎として華夷秩序が成立し、展開していった。ハーバード大学のジョン・K・フェアバンク（John K. Fairbank　一九〇七―一九九一）氏は、『中国の世界秩序』[2]という著書の中で、皇帝制度の中国の「天朝的世界観」について、様々な角度から分析を加えている。第一段階では、我々は、出土文献を通して、唐朝の李賢（章懐太子）が長安において各国の使節を接見していたことを確認することができる。明朝になると、永楽皇帝は日本の足利義満（一三五八―一四〇八）に勅命を下すことができ、明の神宗も日本の豊臣秀吉（一五三六―一五九八）に詔書を与えることができた。しかし、第一段階は一八九四年に終了する。一八九四年の日清戦争の黄海海戦において、大清帝国が洋務運動の中で三〇年にわたって築き上げてきた北洋艦隊が、新興の日本帝国に撃破され、たった一日で壊滅してしまった。台湾割譲はその翌年であった。この戦争の影響は今でも消え去っておらず、中国・台湾の人民の心にわだかまりを残している。日清戦争以後、「政治的東アジア」は第二段階に突入する。それは、二〇世紀前半、日本帝国を中心として展開された「大東亜共栄圏」の時代であり、アジア各国の人民が日本帝国によって侵略され、血と涙で綴った中国現代史に他ならない。第三段階は、第二次大戦終結後、アメリカが台頭して覇権を確立し、東アジアが冷戦構造に組み込まれた時期である。戦後のアメリカの覇権は、非常に堅固な軍事的実力の上に築かれており、アメリカの宇宙飛行技術は全世界をリードしている。航空母艦戦闘機は、核弾頭ミサイルを搭載することができ、全世界の海軍基地に駐留している。例えばアメリカの西太平洋の第七艦隊の空母キティホーク（USS Kitty Hawk CV-63）は、台湾海峡を数十年にわたって巡回護衛しており、蔣介石の（一八八七

―一九七五）の大陸攻撃を阻止し、同時にまた毛沢東（一八九三―一九七六）の台湾侵攻を食い止め、キティホークはすでにその役目を終えている。第四段階は、二一世紀になってからの東アジアで、中国大陸は三〇年にわたる改革開放によって台頭し、中国の台頭は今や「大中華経済圏」の発展をもたらしている。中国は、二〇〇九年、ロンドンで開催された主要二〇カ国首脳会議以後、次第に頭角を現し、二〇〇九年以後は、「G20」とは言わず「G2」と言うようになっている。日本は中国の台頭に対して非常に緊張感を抱いており、十数年前に『日米安全保障条約』を改訂する時に「周辺有事」という一句を加えている。「周辺有事」とは、非常にあいまいな東洋的な表現であるが、実は日本の中国の台頭に対する危惧を表現したものである。アメリカの「アジア回帰」政策以後、東アジアの情勢は次第に、中・米両大国が協調しながらも、また対抗するという状況になりつつある。以上、政治的東アジアが歴史上繰り広げた四つの段階について簡単に述べてみた。

しかしながら、東アジアにはまた別の一面がある。それは「文化的東アジア」である。「文化的東アジア」は共通要素を有しており、その一つが儒学であり、特に「仁」学がその核となっている。孔子、孟子から朱子・王陽明に至るまで、そして日本の江戸時代の儒者や朝鮮の朝鮮時代の儒者の多くは、「仁」を最高の価値理念として尊んでいる。もう一つの共通要素は仏教である「三法印」・「四諦」・「十二因縁」等を核心的価値理念とするものである。日本は基本的には仏教国家であった。三つ目の共通文化元素は漢字である。二〇世紀以前において、漢字は東アジア世界のラテン語であり、東アジアの知識人が必ず身につけなければならない文化的素養であった。アメリカ海軍の軍艦が江戸時代の日本を脅かした「黒船事件」により、日本の鎖国政策は打破されたが、その後、徳川幕府が最初に外国と締結した条約は漢文で書かれていた。若き吉田松陰（一八三〇—一八五九）は、アメリカの軍艦が停泊していたある日の深夜二時、浦賀沖のアメリカの海軍将校ペリー（Matthew Calbraith Perry、一七九四—一八五八）の乗っていた旗艦に這い上がっていった。彼は、偽名を使って漢文で手紙を認め、自ら「日本国江戸府書生瓜中万二・市本公太」と名乗って、旗艦の上まで這い上がり、手紙を渡している。この手紙の原稿は、ペリーの子孫によってアメリカのイエール大学図書館に寄贈され、保存書庫に保管されている。[3] このように「文化的東アジア」の三つ目の共通プラットフォームは漢字であった。「文化的東アジア」の四つ目のプラットフォームは伝統医学である。一九七三年、湖南省長沙の馬王堆から出土した医書には、二〇〇〇年前の中国医学が非常に詳しく記載されており、復原された図からは、早朝、運動している人々が「熊経鳥伸」といった動作を取っているのを確認することができる。「漢方医学」は、日本でも大きな発展を遂げている。

以上は、歴史的観点から見た「政治的東アジア」の四つの段階の変化と「文化的東アジア」の四つの共通要素である。このような点を踏まえた上で、我々は、二一世紀の「現実としての東アジア」の危機と転機を展望することができるであろう。文化大革命が収束し、三〇年にわたって改革開放が行われた後の中国は、自然環境を犠牲にするという痛ましい代価を支払いつつも、世界経済のトップに躍り出ることになった。最新のデータによれば、中国の外貨ストックは、今年（二〇一三年）の九月末には三・六六兆ドルに達しており、世界第一位となっている。アメリカは、世界各国に借金をしているが、アメリカに対する最大の債権国は中国である。よって、ある意味で中国はアメリカに人質をとられているようなもので、中国が最も危惧しているのが、アメリカドルが暴落し、債権が水の泡となってしまうことだと指摘する学者もいる。二〇〇八年より中国のエネルギー消費量は急速に上昇し、二〇〇二年から中国のGDPは一〇％前後の成長率が続いており、二〇一三年には七・五％を保持すると公言している。北京オリンピックと上海世界博覧会が成功をおさめ、今年の宇宙船「神舟一〇号」、潜水艇「蛟龍」及び航空母艦などの開発・建造は、いずれも中国の政治経済力の急速な台頭を証明するものである。しかしながら、このような急速な台頭には、大きな暗い影が伴ってもいる。二〇一三年、両会（訳者注：全国人民代表大会と中国人民政治協商会議）で可決された国家予算のうち、維穏経費（訳者注：国家の情勢と社会の全体的安定を維持するための経費）が国防経費を超過しており、この事実は、中国社会のいたるところに危機が潜んでいることを明確に示している。この社会では、官民が対立し、貧富が対立し、沿岸部と西北地域の経済発展には大きな落差が存在している。空気汚染と水質汚染は、現在の中国大陸のもう一つの暗い影である。二〇一三年のスモッグ（ＰＭ二・五）は国土面積の四分の一に影響を与えており、六億人を超える人々が被害を受けている。それ以上に問題なのは政治の汚職・腐敗と人心の虚脱感である。生命の充足感は、改革開放が進む社会の中で次第に失われつつある。「八〇年代生まれ」、「九〇年代生まれ」の青年たちは、徹底した「自己中心主義」的な傾向にあり、今後の社会が危ぶまれている。

しかしながら、中国経済の台頭によって、アジア全体が活気づいていることも客観的な事実である。統計データによると、アジア各国間の一九九六年から二〇〇五年までの航空旅客の増加率は、一〇九％にまで達しており、ヨーロッパ各国間の三六％という数字をはるかに上回っており、これは確かにアジアが勃興しているという事実を示している。中国大陸と台湾を結ぶ直航便は、人気のある都市間では（例えば上海虹橋空港から台北松山空港までの直行便）ほとんど毎便満席となっている。中国はアジア全体の台頭に影響を与え、アジアの活性化を促進しており、多くの人が、アジアはすでに世界最大の自由貿易区域となり、中国の主導によりＲＣＥＰ（Regional Comprehensive Economic Partnership、東アジア地域包括的経済連携）が形成されつつあると考えている。アメリカは、政府が提出した「アジア回帰」政策の後に、ＴＰＰ（The Trans-Pacific Partnership、環太平洋パートナーシップ協定）を推進し始めており、このような背景があって、台湾の地位も非常に重要なものとなっている。

しかしながら、アジア経済の発展という希望に満ちた光景の中で、我々に一抹の不安を抱かせているのは、この二〇年余り、この経済的発展がアジア各国の民族主義意識を高めることにもなっている点である。中国大陸の情況から見てみると、この一〇〇年、中華民族は血と涙で現代史を綴ってきたため、国や種族の保持を目標とする民族主義的情念が非常に強烈であり、中国大陸の特殊な教育体制の関係で、「八〇年代生まれ」、「九〇年代生まれ」の若者世代にも民族主義的傾向が極めて強い。戦争の苦難の記憶が遠ざかるにつれて、日本の若者世代でも民族主義的感情が高まっており、現在、日本社会の多くの人が、首相が靖国神社に参拝するのは日本の内政に関わることなので、アジア各国が口を挟むべきことではないと考えている。マレーシアも民族主義が強い国であり、ベトナムも同様である。ベトナム革命の指導者ホー・チ・ミン（一八九〇―一九六九）は、フランスを破り、ベトナム戦争ではアメリカを破り、中国人民解放軍とも交戦しており、ベトナムの民族主義も広く知られている通りである。よって、今、アジア各国で政治的民族主義が急速に広まりつつあり、非常に懸念される状況になってきている。第二次世界大戦が終結した翌年（一九四六年）の三月、二〇世紀の日本の偉大な学者、丸山真男（一九一四―一九九六）は、「超国家主義の論理と心理」、（丸山真男『現代政治の思想と行動』所収）という論稿を著したが、丸山はこの論稿で、原子爆弾の痛手を受け、日本が無条件降伏した後、戦前の日本の帝国主義、国家主義について深刻に考えるようになったと言う。丸山は次のように指摘している。戦前の「日本の国家主義は内容的価値の実体たることにどこまでも自己の支配根拠を置こうとした」[4]。第二次世界大戦が終結する前の日本帝国の「国家主権が精神的権威と政治的権力を一元的に占有する結果は、国家活動はその内容的正当性の規準を自らのうちに（国体として）持っており、従って国家の対内及び対外活動はなんら国家を超えた一つの道義的規準には服しないということになる」[5]。丸山が、戦後半世紀が経過する前に行った日本の帝国主義に対する分析は、非常に深みのあるものであり、現代においても教えられる点が少なくない。当面のアジア各国の領土問題、例えば尖閣諸島や南シナ海の領有権問題などが、経済的繁栄の背後にあって摩擦を引き起こし、戦争をもたらす可能性も否定できないであろう。

こういった場を背景として、「現実の東アジア」は疑惑や危機感で満ち溢れているわけだが、その一方で転機に満ちた時代でもある。現代の西洋人は、中国大陸と東アジアの興隆をどのように見ているのだろうか。マーティン・ジェイクス（Martin Jacques）は、二〇〇九年、『中国が世界をリードする時』（When China Rules the World）と題する五〇〇ページを超える大著を著し[6]、中国が世界を統治した場合の状況を想像し始めている。彼は、中国は西洋の諸国とは異なる道を歩むと考えている。彼のこのような言い方は、すでに亡くなった二〇世紀の日本の学者溝口雄三（一九三二―二〇一〇）が近代中国史を回顧した時の見解と非常に似ているが、ジェイクスの場合はそれを五〇〇頁もの紙幅を費やして詳細に論述しているわけである。溝口氏は、洪秀全（一八一四—一八六四）、孫中山（一八六六—一九二五）から毛沢東（一八九三—一九七六）に至るまでは、皆一筋の中国的な特色を持った中国革命の道を模索していたと考える。抗戦時期、毛沢東は、「新民主主義論」と題する重要な講演を行っている。その中で、彼は「中国はどこへ行くのか」と問いかけ、「中国革命は、世界革命の一部分」であると答えている。[7]この言葉は、実は、別の方式で、二一世紀に新たな意味を持ちうるものである。近年、中国が台頭するにしたがって、国際学術界に“Sino-speak”と呼ばれる人々が現れ、中国の立場や観点から発言している。ウィリアム・A・キャラハン（William A. Callahan）は、アメリカのアジア研究学会（Association for Asian Studies）の『アジア研究学報』（Journal of Asian Studies）に長文の書評を寄せ、多くの“Sino-speak”の著作を批評している。彼の書評には上述のマーティン・ジェイクスの著作も含まれており、彼は、この本の読後感として、北京中国社会科学院の年度報告のようだと述べている。[8]中国国内でも『ノーと言える中国』[9]とか『不機嫌な中国』[10]といった著作が現れており、程度は異なっているが、どちらも中国台頭の新たな情勢に呼応している。現在、多くの欧米人が、中国大陸を中心とする世界秩序が形成されつつあると考え始めている。一方、アメリカ・スタンフォード大学歴史学講座教授イアン・モリス（Ian Morris）は、二〇一一年に『なぜ西洋が世界を支配しているのか』[11]という本を書き、なぜ西洋が現代に至るまで世界を統治することが可能となっているのかについて考察しているが、そこには「このままいくと、その地位は、別の者に取って代わられることになるだろう」との意味も暗示されている。彼は、この本の中で、西洋は過去長期間にわたって人類の歴史と文明を支配してきたが、それは主に以下の四つの要因によるものだと指摘している。第一の要因はエネルギーを開発する能力、第二の要因は都市化の能力、第三の要因は、情報を処理する能力、第四の要因は戦争を引き起こす能力である。

今日、アジアに身を置く我々は、ちょうどこの二つの背景の下にあって歴史の十字路に立たされている。民国一四年（一九二五年）当時の青年毛沢東（一八九三―一九七六）は、「沁園春」と題する詞の中で「悵《いた》ましきかな寥廓、問う　蒼茫たる大地、誰か沉浮を主《つかさど》らん」と書いている。(12)今日の東アジアの国際問題は、単に「誰れか沈浮を主らん」というリーダーの問題だけでなく、さらに思想が今後どのように進展していくかという問題でもあった。二一世紀の東アジア各国と人民は、二〇〇年にわたるヨーロッパ帝国主義と資本主義国家の覇道政治を繰り返し、第二次世界大戦前の大日本帝国と同じように滅亡に向かうのか、それとも東アジア伝統文化の王道精神に立ち返り、共存共栄の新世界秩序の構築に向かうのか、このような歴史の十字路に立っているのである。このような時こそ、我々は、孫文から多くのことを学ぶべきであろう。

三　孫文の「大アジア主義」の内容とその歴史背景

ついで、本章の二つ目の問題、孫文の「大アジア主義」の内容とその歴史的背景について見てみよう。孫文は、民国一三年（一九二四）、宋慶齢（一八九三―一九八一）と神戸を訪れ、神戸高等女学校で五つの団体に講演を行った。実際には、それ以前にも、「日中両国は互いに協調すべきである」（一九一三年の二月一五日、日本東亜同文会の歓迎の席上での講演(13)」及び「学生は革命精神で学問に励まなければならない」（一九一三年二月二三日、東京の留学生に対する講演[14]）」という二つの講演をしており、その中にも彼の日中関係に関する見解が示されているが、この時の内容は晦渋で分かりにくく、神戸でなされた講演の方が明晰に語られている。まず、神戸での講演の時代的な背景を確認しておこう。孫文が神戸に到着したその日、中国国民党の党員がオリエンタルホテルで歓迎会を催した。彼が講演を行う場所は神戸高等女学校である。一〇年ほど前に神戸大学の好意により、筆者は神戸大学主催の国際シンポジウムで基調講演をしたことがあるが、その折り、神戸大学の友人が筆者を孫文と関わりのある所へ案内してくれた。その中に「移情閣」と名付けられた建物があり、それは、当時の神戸在住の華僑の豪商が建てたもので、孫文が神戸にいた時に宿泊した場所であった。この時、講演会で通訳をしたのは戴天仇（一八九一―一九四九）であった。孫文が講演を行った同一時間に、宋慶齢は、神戸高等女学校の学生を対象として英語で講演を行っていた。孫文の講演は、翌日『神戸新聞』に第一面のトップニュースとして報じられ、九日後には『民国日報』で報じられている。孫文が日本を訪れている間、日本の政府筋は多くのスパイを遣《や》って、二四時間体制で監視にあたった。当時の日本のスパイは非常に真面目に厳格に任務をこなしており、孫文が何時何分に誰と会ったのかなどを詳細に記録している。

さて、この重要な講演の内容のポイントは、以下の四つに帰納できるであろう。第一のポイントは、孫文は、日本は今や不平等条約を撤廃し、我々アジア復興の出発点となったと日本人に告げていること。第二のポイントは、ここ一〇〇年のヨーロッパ文化と中国文化を対比していること、言い換えると、科学的文化・功利や武力を重視する「覇道文化」と仁義道徳を重視する「王道文化」を対比していること。孫文は、小国ネパールの中国への対応の仕方と大英帝国に対する態度の違いから、この二種類の文化がネパールの人民の心にどのように受け取られているか見てとることができると語っている。第三のポイントは、孫文は、一九二〇年代の世界問題の核心は文化問題にある、つまり東洋文化と西洋文化の衝突と比較の問題にあると考えていること。第四のポイントは、彼の結論であり、現在の日本は既に明治維新に成功し、我々東洋の王道文化を具有している。しかし、日本はヨーロッパの覇道文化をも学んでいる。日本はいったいヨーロッパの覇道文化の手先となるのか、それとも我々東洋の王道文化の守護者となるのか、今、日本の選択を見守っていると語っている。(15) 不幸なことに、日本は前者を選び、侵略戦争を引き起こして、アジア各国は侵略され殖民地にされるという苦難を味わうこととなり、日本自体もまた、最終的には敗れ、無条件降伏するに至るのである。

孫文が一九二〇年代の日本で「大アジア主義」という講演をしたのには時代的な背景があった。「アジア主義」とは、明治維新以後、日本の学術界と民間社会両者に共通した思想潮流であった。日本における「アジア主義」思想の系譜を概観すると、一八八一年に玄洋社が成立し、西園寺公望(一八四九―一九四〇)や中江兆民(一八四七―一九〇一)等が『東洋自由新聞』を創刊し、「東亜一体」を提唱した。やや遅れて一八八五年、近代日本の「文明開化」の推進者福沢諭吉(一八三五―一九〇一)が「東亜論」を提唱した。樽井藤吉(一八五〇―一九二二)、徳富蘇峰(一八六三―一九五七)から無教会主義キリスト教徒の内村鑑三(一八六一―一九三〇)にいたるまで、アジア主義を提唱した。孫文の友人、宮崎滔天(一八七〇―一九二二)は『三十三年の夢』(16) という回想録の中で、彼と孫文・黄興(一八七四―一九一六)といった人たちとの交流経験を記録している。これらの人々は、「アジア主義」思想の系譜に帰属させることができるであろう。一九〇三年、美術史の大家岡倉天心(一八六二―一九一三)は、

Ideals of the East: with introduction and notes by Hiroshi Muraoka[17]（この本は二十数年後に日本語に翻訳されている）と題する英文の著作を世に問うている。一九〇四年、日露戦争が勃発し、日本が勝利をおさめる。日本は、わずか短期間に清朝とロシアを破り、アジアの新強国となった。その年に、岡倉天心は *The Awakening of Japan*[18] という本を出版しているが、一〇〇年後の今、改めてこの本を読んでみると、岡倉天心の英語の流暢さに感嘆する一方で、岡倉天心の思想的変化を感じとることができる。「アジア主義」は、日本が明治維新以後、長らく掲げてきた世界観であり思想であった。当時の日本人は単に「アジア主義」と言っていたのだが、孫文はあえて「大」という一字を加え、一九二四年に「大アジア主義」と題して講演を行ったわけである。このように、日本のアジア主義思想の系譜は、長い歴史を持っていた。日本の著名な中国文学者竹内好（一九〇八―一九七七）が最も尊敬する人物は魯迅（一八八一―一九三六）であり、八年間にわたる日中の抗戦期間中、竹内は、精神的な苦痛を味わうこととなる。なぜなら彼の「政治的祖国」が彼の「文化的祖国」を今まさに侵略しているからである。竹内好は、戦後一九六三年に『アジア主義』という本を編纂している。[19] 一九九三年、溝口雄三（一九三二―二〇一〇）も『アジアから考える』というシリーズ全七冊を編纂しており、[20] これも日本の「アジア主義」の思想系譜のうちに含めて考察することができるであろう。孫文は、日本人が熟知している「アジア主義」という概念に対して「コンテクスト上の転換」（contextual turn）を行い、[21] 日本人に対してこれから進むべき道を慎重に選ぶよう注意を促したのである。

我々はついで孫文の「大アジア主義」論述の歴史的脈絡について分析を加えていこう。一九二〇年代は、世界の歴史が急速に変化したキーポイントであり、台湾の歴史的変動のキーポイントでもあった。一九二〇年代の台湾は、武装抗日から議会闘争へと向かっていき、一九二八年には台北帝国大学（今日の国立台湾大学）が設立されている。日本帝国統治下の台湾では、一九三〇年に霧社事件が勃発し、日本の軍隊は最先端兵器の毒ガスを用いて台湾の原住民を殺害した。一九二〇年代は欧米の政治情勢が目まぐるしく変化した年代であり、一九二二年にはイタリアのファシスト党が政権を牛耳り、ソビエト社会主義共和国連邦が成立し、一九二四年にレーニン（一八七〇—一九二四）が世を去ると、スターリン（一八七九—一九五三）が政権を握った。一九三三年にはヒトラー（一八八九—一九四五）がナチス党の党首となる。一九二九年、アメリカが経済的不況に陥る。一九二〇年代は、アジアの政治的情勢も激しく変動した時代である。日本人は、当時の台湾人を「清国奴」と蔑んでいる。一九二四年、孫文が世を去り、一九二六年、蔣介石が必勝を期して北伐を開始し、一九二八年には台湾共産党が上海で成立している。つまり、このように特殊な歴史的な脈絡の中で、孫文は神戸での講演を行っているのである。我々は、先ほどこの講演の意味を理解するために、それを巨視的な歴史的な背景の中において見てみた。中国国内では、黄埔軍官学校が一九二四年六月一六日に創立したが、それは当時の孫文が、武力がなくては革命事業を達成することは極めて困難だと深く認識していたからである。ついで、中国の歴史は、北伐・抗戦・内戦、そして一九四九年の国民党政府の台湾移転といった形で展開していく。

孫文が「大アジア主義」を提唱した時の日中関係も注意に値する。民国一三年（一九二四）一月三一日、中国国民党は、第一次全国大会宣言で「軍閥そのものは人民の利害と相反し、自ら存する資格がない。故に凡ての軍閥たる者は、列強の帝国主義と関係を生じざるを得ない」との見解を提出している。[22]同年八月七日、中国国民党は「中国国民党忠告日本国民宣言」[23]を発表し、日本人に対して中国人労働者の排斥は、日本が提唱している「アジア人種の大団結」に全く背馳するものであると忠告している。一九二四年一一月一〇日、孫文は「北上宣言」を発表し、[24]軍閥が依存している帝国主義を打倒し、不平等条約を廃止し、国民会議を開催するべきだと主張している。このような特定の中日関係の脈絡の中で、一九二四年一一月二八日、孫文は神戸で日本は中国が不平等条約を廃除できるよう協力すべきだと呼びかけたのである。

近代日本の「アジア主義」には様々な側面があった。一九二〇年から一九四〇年代にかけての日本のアジア主義は、一種の価値理念であったが、一部の少壮軍人のアジア主義は、軍事行動へと転化していった。例えば石原莞爾（一八八九―一九四九）がその一つの具体的事例である。石原莞爾は満州事変の首謀者であり、階級は陸軍中将で、東亜連盟を指導した。また、日本のアジア主義はある種の外交戦略にも転化することもできた。第二次世界大戦の期間中、日本の政界と知識界には、二つの態勢が並列して主張されていた。「北進論」者は、世界を統治するには必ず先ずアジアを制しなければならず、アジアを制するには必ず先ず中国を制しなければならない。そして中国を統治するには必ず先ず満州を統治しなければならないと考えた。よって軍を東北に向けるよう主張した。もう一つの立場は「南進論」であり、新植民地は台湾を基点とし、所謂「南進政策」を推進するよう主張した。台北帝国大学は、この大学を日本帝国が南進していく上での学術的基地にしようと意図して設立されたものであった。さらに注意して日本の一般的知識人の思想的変化を見てみると、岡倉天心は、一九〇三年に英語で『東洋の理想』という本を著し、後に日本語にも翻訳されたが、彼は「アジア主義」を提唱している。本書の冒頭の一句は“Asia is one.”であり、最後の一句は“Victory from within, or a mighty death without.”であった。本書で天心は、東洋文化は人生の「目的」を探求するものであり、西洋文化は人生の「手段」を探求するものであると主張している。この見方は、孫文の「王道」は東洋のもの、「覇道」は西洋のものという主張と符合している。日露戦争は日本の知識界に未曽有の自信をもたらし、一九〇四年、岡倉天心の思想もそれに応じて変わっていった。先に指摘したとおり、一九〇四年に出版された *The Awakening of Japan* を繙くと、彼の思想が、前年の「アジア一体論」から「東洋盟主論」、つまり日本を東洋の盟主へと変化していることに気づく。孫文は敏感に日本のこのような変化を感じ取ったが故に、神戸での講演であえて「王道」精神を掲げ、日本に慎重に道を選ぶよう要求したのである。中国共産党の創立者の一人李大釗（一八八九—一九二七）は、一九一九年（民国八年）『国民雑誌』に「大亜細亜主義」、「新亜細亜主義」という文章を発表している。彼は、日本のアジア主義とは実は大日本主義の見せかけの仮面に過ぎず、彼が提唱する「新アジア主義」は、まさに日本のアジア侵略に反対する（真のアジア）主義であると考えている。李大釗の主張は、孫文の立場と呼応するものであろう。

四　王道精神と二一世紀東アジアの進路

次いで我々は、本章の三つ目の問題、王道精神と二一世紀東アジアの進路という問題について考えることにしたい。孫文の「大アジア主義」の核心的価値は、実は孟子に由来するものであった。孫文は、『三民主義』という講演の中で、「余の中国革命を謀るや、其の持する所の主義は、吾国の伝統思想を因襲する者有り、欧洲の学説事蹟を規撫《なら》う者有り、吾が独見して創獲する所の者有り」[25]と指摘しているが、「吾国の伝統思想を因襲する者」とは、つまり堯・舜・禹・湯・文・武・周公・孔子・孟子の思想のことであり、孫文の思想と中国の伝統文化とは深く関わっていた。[26]「王道」という言葉は、『詩経』等の古典にも見られるが、それを政治的な脈絡で使用したのは孟子が初めてである。孟子は「力を以て仁を仮る者は覇たり、徳を以て仁を行う者は王たり」（『孟子』公孫丑上）と語っており、孟子の政治思想では、「覇」と「王」の対比は、「力」と「徳」の対比に相当すると見なされている。「王道」の基盤は「人に忍びざるの心」（『孟子』公孫丑上）にある。孟子の「人に忍びざるの心」という理念は、日本にも大きな影響を与えている。現在、東京に上野公園があるが、その中に小さな池があり、「不忍池《しのばずのいけ》」と呼ばれているが、この「不忍」という言葉は孟子の「人に忍びざるの心」に由来するものである。実は、日本の歴代天皇の年号は、すべて中国の古典、『尚書』・『左伝』・『易経』・『孟子』・『論語』や『漢書』等から取られている。一〇〇年余りにわたる日中両国の間には愛憎の念が複雑に絡み合って存在している。孟子は、「人に忍びざるの心」があって「人に忍ばざるの政」を展開できる、なぜなら「仁者は敵無し」（『孟子』梁恵王上）だからである、と主張した。では、「人に忍びざるの心」とは何か。孟子は次のように説明している。

人皆人に忍ざるの心有りと謂う所以の者は、今、人乍《たちま》ち孺子の将に井に入らんとするを見れば、皆怵惕惻隠の心有り。交わりを孺子の父母に内《い》るる所以に非ざるなり、誉を郷党朋友に要《もと》むる所以に非ざるなり、其の声を悪《にく》みて然するには非ざるなり。是に由りて之を観れば、惻隠の心無きは、人に非ざるなり。羞悪の心無きは、人に非ざるなり。辞譲の心無きは、人に非ざるなり。是非の心無きは、人に非ざるなり。惻隠の心は仁の端なり。羞悪の心は義の端なり。辞譲の心は礼の端なり。是非の心は智の端なり。人の是の四端有る、猶お其の四体有るがごときなり。是の四端有りて自ら能わずと謂う者は、自ら賊《そこな》う者なり。其の君能わずと謂う者は、其の君を賊う者なり。凡そ我に四端有る者、皆拡《ひろ》げて之を充すを知れば、火の始めて然《も》え、泉の始めて達するが如し。苟くも能く之を充せば、以て四海を保《やす》んずるに足る。苟くも之を充すこと能わざれば、以て父母に事うるに足らず。(『孟子』公孫丑上)

孫文の「大アジア主義」の重要理念は「王道」であり、「王道」という言葉が何を意味しているのかは、『孟子』一書の中で最も詳しく説明されている。「王道」の核心となる精神は、すなわち「人に忍びざるの心」であった。抗戦時期に中国東北に建てられた満州国の政治的スローガンは「王道楽土」の建設であった[27]。しかし、「王道」を建国のスローガンとしながら、満州国が日本帝国主義の傀儡となるのを防ぐことはできなかった。このことは反省に値する歴史事実である。

我々は孫文の思想を世界史及びアジア近代史の脈絡において見てみよう。ハーバード大学のニーアル・ファーガソン(Niall Ferguson)教授は、ローマ帝国・中国大明帝国・大英帝国及びソビエト連邦が驚くべき速度で崩壊したのは、いずれも財政の悪化と関係があるとの研究結果を報告している。ファーガソンは、アメリカの財政赤字は、二〇〇九年時点でGDPの一一・二%に達しており、すでに崩壊の瀬戸際にきていると警告を発している。この業績豊富な優れた学者は、アメリカの前途に対して憂慮を抱いているのだ[28]。では、改めてヨーロッパの状況はどうか、見てみよう。二〇一一年八月二二日の『タイム』誌のタイトルは、「ヨーロッパの衰亡」（"The Decline and Fall of Europe"）であり[29]、ヨーロッパの債務危機などが議論され、若者の失業率が二〇数％から四〇数％にまで高まっていることが指摘されている。アメリカとヨーロッパは、二一世紀に入ってから深刻な財政危機に直面しており、その原因はいろいろとあるわけだが、どちらも拡張的な支出と関係があり、支出が増大したのは、「覇道」的な政策と深く関わっている。

ここで、再びアジアの状況を見てみよう。福沢諭吉（一八三四―一九〇一）は、近代日本で非常に大きな影響力を持っていた知識人であるが、彼は「文明開化」を提唱し、自由民権の独立精神を鼓吹した。彼が著した『学問のすゝめ』という本の書き出しは、「天は人の上に人を造らず、人の下に人を造らず」という一句であった[30]。しかし、内向きの発言と外向きの発言とは異なっており、彼は当時、日本の植民地となったばかりの台湾に対して、帝国主義的傾向の強い言論を数多く発表している[31]。彼は脱亜論を提唱したが、「脱亜入欧」という言葉については、日本の学者が、「脱亜」と「入欧」の四字を合わせて一語としたのは福沢諭吉が初めてではないと考証しており、これはおそらく事実であろう。孫文が亡くなる前の一九一六年、ノーベル文学賞を受賞したインドの詩人タゴール（一八六一―一九四一）が日本を訪れた時、日本人に対して日本の本当の危機は、西洋の民族主義を国家発展の動力としている点にある、とたしなめている。日本が受け入れたのは、西洋の民族主義を立国の基礎とするやり方であった。日本帝国が「覇道」の道を突き進んだ結果はいかなるものであったか。それは

「国強ければ必ず霸」という結末であった。二〇世紀の中国の儒者徐復観（一九〇四―一九八二）の詩には「霸業もすべて戦争によって台無し（霸業都随劫火残）」という文句が見られる。[32]今日の我々が歴史的視野から振り返ってみると、戦前の日本の帝国主義は、帝国の発展と自我の利益を追求するものであり、普遍的な価値観（平和など）を基盤とする精神や思想が欠けていた。現代の日系アメリカ人の著名な学者入江昭（Akira Iriye）はこの問題に分析を加えている。入江氏は、シカゴ大学教授・ハーバード大学教授を歴任し、現在は退官されている。日系移民という身分でありながら、二〇〇〇年に近い歴史を有するアメリカの歴史学会の会長に選ばれており、さらにアメリカ外交史学会の会長にも選ばれている。そのような彼が、「日本帝国主義のイデオロギー」（"The Ideology of Japanese Imperialism"）という論文を発表し、[33]日本帝国主義のイデオロギーに分析を加えているが、彼の見解は丸山真男の論点と図らずも一致するものである。現代の中国は、その経済的発展によって東アジアに繁栄をもたらしているが、現在の中国と東アジアは、明治維新以後の日本ときわめてよく似ており、歴史の選択という十字路に立たされている。このような十字路にある今こそ、孫文の思想には、我々が学ぶべき新たな意味と価値があるのである。

五　結論

最後に我々は以下のような結論を出すことができるであろう。まず、二一世紀の中国とアジアは、もはや二〇世紀の革命の月日に別れを告げ、孫文の王道精神に立ち返って二一世紀のアジアの協調と平和とを迎えるべきである。現代は、中国が台頭している新時代であり、「神舟五号」の着地が成功した時、アメリカの『ニューヨークタイムズ』が、新たに“Taikonaut”という言葉を作ったことは周知の事実である。宇宙飛行士は英語で“Astronaut”と言うが、『ニューヨークタイムズ』は“Taikonaut”という新語を作って、特別に中国の宇宙飛行士を表現したのである。今日、中国大陸と台湾は、すでに新たな局面を迎えている。今回、二人の大陸の孫文研究を代表する重要機関の方がここ台北の国父紀念館にいらしていることは、非常に有り難いことであり、ここに敬意を表したい。この歴史の十字路にあって、東アジアの今後の平和を考えることが大変重要な課題となっている。

我々は今日、台北国父紀念館において、孫文先生の思想を追想した。我々は身を台湾に置いているが、台湾は、地理的に地球最大の海洋である太平洋と最大の陸地であるユーラシア大陸の接点に位置しており、この四〇〇年間で、漢民族の海外移民が最も多い島国である。一七世紀のポルトガルの船乗りが寝ぼけ眼をこすりながら、東北の方角に目にした美麗なる島を、大きな声で“Formosa”と叫んだ時、その声は、台湾島が世界の近代史の敷居をまたいだことを宣告していたのである。台湾の文化は、中華文化を基礎として展開した多元文化であり、あたかもさまざまな楽器の音が混じり合った一つの交響曲のようなものである。オランダ・明の鄭成功・清朝から日本、そして中華民国政府に至るまで、台湾は異なる文化的背景を有する統治者による統治を経験した。それぞれの統治者は、一つの大きな消しゴムを持ってきて、前の統治者が残した歴史的痕跡を消そうとした。その意味で台湾はヨーロッパ中古時代、紙が発明される前の高貴な羊皮紙（パーチメント）のようなものであり、様々な歴史が書かれては消され、書かれては消されてきたのだ。「万古未曾有の奇を開き、洪荒此の山川を留め、遺民の世界を作る。(開万古未曾有之奇、洪荒留此山川、作遺民世界)」これは、沈葆楨(一八二〇—一八七九)が台南の延平郡王祠の門柱にかけたことばである。台湾という地は、中華文化圏の中で、最も幸運な、そして珍重に値する世界である。なぜならば、台湾は一〇年の動乱を経験しておらず、資本主義文化が台湾にもたらした精神的汚染も比較的軽微であるからである。台湾の本当の力は、社会上層部の政治家にではなく、また大資本家にでもなく、善良にして慈悲心に満ち溢れた民間社会にこそある。[34]台湾の民間社会で展開されているボランティア活動の中に、我々は、善意に基づき利他の精神を発揮しているたくさんの人々を目にすることができる。これはまさに孫文のいう「王道」精神を、社会の中で具体的に行動化したものではないだろうか。台湾は、大中華全体の貴重な宝物であり、台湾と大陸の相互作用と交流は、今後、必ずや中華民族を復興への道に導いていくことになるであろう。我々は孫文先生を偲び、孫文思想を発揚し、ともに二一世紀の平和なアジアを築き上げていくべきであろう。

［注記］本稿は、二〇一三年一一月一二日、台北国父紀念館などの主催による「紀念孫中山——華人文化与当代社会発展」国際学術シンポジウムの基調講演の内容である。

注

(1) 山室信一『思想課題としてのアジア——基軸・連鎖・投企』(岩波書店、二〇〇一年)及び本書の第一〇章を参照。

（2）John K. Fairbank, *The Chinese World Order* (Cambridge, Mass.: Harvard University Press, 1968).

（3）陶徳民「日美建交之初一椿偷渡公案的新解読――吉田松陰〈投夷書〉在耶魯大学檔案館発現」、『東亜文明研究通訊』第六期（二〇〇五年一月）、五八―六五頁、所収。

（4）丸山真男『現代政治の思想と行動』（未来社、一九七〇年増補版）、一三頁。

（5）同右、一七頁。

（6）Martin Jacques, *When China Rules the World: The End of the Western World and the Birth of a New Global Order* (London: Penguin Books, 2009)、日本語版には、松下幸子訳の『中国が世界をリードする時　西洋世界の終焉と新たなグローバル秩序の始まり』上・下（NTT出版、二〇一四年）がある。

（7）毛沢東「新民主主義論」、『毛沢東選集』（人民出版社、一九六四年）、六五五頁―七〇四頁、所収。引用文は六五九頁。

（8）William A. Callahan, "Sino-speak: Chinese Exceptionalism and the Politics of History," *The Journal of Asian Studies*, Vol. 71, No. 1 (Feb. 2012), pp. 33-55.

（9）宋強・喬辺等著『中国可以説不――冷戦後時代的政治与情感抉択』（中華工商聯合出版社、一九九六年）、日本語版には莫邦富・鈴木かおり他訳『ノーと言える中国』（日本経済新聞社、一九九六年）がある。

（10）宋暁軍他著『中国不高興――大時代・大目標及我們的内憂外患』（江蘇人民出版社、二〇〇九年）、日本語版には邱海濤・岡本悠馬他訳『中国が世界を思いどおりに動かす日　不機嫌な中国』（徳間書店、二〇〇九年）がある。

（11）Ian Morris, *Why The West Rules – For Now* (New York: Farrar, Straus and Giroux, 2011)、日本語版には、北川知子訳『人類五万年　文明の興亡――なぜ西洋が世界を支配しているのか』（筑摩書房、二〇一四年）がある。

（12）「沁園春・長沙」、『毛主席詩詞』（人民文学出版社、一九六三年）、所収、一―二頁。

（13）「演講・中日須互相提携（民国二年二月一五日晩在日本東亜同文会歓迎席上演講大要）」、『国父全集』（近代中国出版社、一九八九年）、第三冊、所収、一二六頁。

（14）「演講・学生須以革命精神努力学問（民国二年二月二三日在東京対留学生全体演講）」、『国父全集』、第三冊、所収、一四一―一四五頁。

（15）「演講・大亜洲主義（民国一三年一一月二八日在神戸高等女校対神戸商業会議所等五団体演講）」、『国父全集』、第二冊、所収、五三五―五四二頁。

（16）宮崎滔天著、宮崎龍介・衛藤瀋吉校注『三十三年の夢』（平凡社東洋文庫、一九六七年）。

（17）Okakura Kakuzō, *Ideals of the East: with Introduction and Notes by Hiroshi Muraoka* (London: John Murray, 1903; Tokyo: Kenkyusha, 1931)、日本語訳には、富原芳彰訳『東洋の理想――特に日本美術について』（ぺりかん社、1980年）がある。

（18）Okakura Kakuzō, *The Awakening of Japan* (New York: Century Co., 1904).

（19）竹内好編『アジア主義』（筑摩書房、一九六三年）。

（20）溝口雄三等編『アジアから考える』全七冊（東京大学出版会、一九九三―一九九四年）。

（21）拙著 Chun-chieh Huang, *East Asian Confucianisms: Texts in Cointexts* (Göttingen and Taipei: V&R unipress and National Taiwan University Press, 2015), pp. 41-56を参照。

（22）「宣言及文告・中国国民党第一次全国代表大会宣言（民国一三年一月三一日）」、『国父全集』、第一冊、所収、一三一―一三九頁。引用文は一三二頁。

（23）「宣言及文告・中国国民党忠告日本国民宣言（民国一三年八月七日）」、『国父全集』、第一冊、所収、一五五―一五六頁。

（24）「宣言及文告・北上宣言」、『国父全集』、第二冊、所収、一七三―一七六頁。

（25）「論著・中国革命史（民国一二年一月二九日）」、『国父全集』、第二冊、所収、三五四―三六三頁。引用文は三五五頁。

（26）余英時「孫逸仙的学説与中国伝統文化」、『人文与理性的中国』（聯経出版公司、二〇〇八年）、所収、三八七―四一六頁。

（27）橘樸『大陸政策批判・満州新国家建国大綱私案』、『橘樸著作集』（二）（勁草書房、一九六六年）、六六―七一頁、『大陸政策批判・王道の実践としての自治』、六〇―六五頁。

（28） Niall Ferguson, "Complexity and Collapse: Empires on the Edge of Chaos," *Foreign Affairs* (March/April, 2010), pp. 18-32.

（29） *Time*, Vol. 178, No. 7 (August 22, 2011).

（30） 『学問のすゝめ』（岩波文庫、一九四二年）、一一頁。

（31） 黄俊傑「十九世紀末年日本人的台湾論述——以上野専一・福沢諭吉与内藤湖南為例」、『台湾意識与台湾文化』（台湾大学出版中心、二〇〇七年増訂新版）、所収、三九—七〇頁。

（32） 徐復観「東行雑感」、『中国文学論集続篇』（台湾学生書局、一九八一年）、二五二頁。

（33） Akira Iriye, "The Ideology of Japanese Imperialism," in Grant K. Goodman, ed., *Imperial Japan and Asia: A Reassessment* (Occasional Paper of the East Asia Institute, Columbia University, 1967), pp. 32-45.

（34） この点については以下の拙著でも言及している。Chun-chieh Huang, *Taiwan in Transformation: Retrospect and Prospect* (New Brunswick and London: Transaction Publishers, 2014), p. 185 を参照。

第一〇章　思想史的観点から考える東アジア研究の方法論
——山室信一理論の再検討

一　はじめに

二一世紀に入り、グローバル化が急速に進展するとともに、中国大陸の経済発展に伴ってアジアが勢いを高めつつある昨今、東アジア研究が、世界の学術界において、これまで以上に重視されるようになってきている。近年、雨後の筍のごとく出版されている各国言語による東アジア関連の研究書籍の中で、京都大学の山室信一氏によって著された『思想課題としてのアジア』[1]は、スケールの大きさ、内容的な深みという点で際だっているであろう。

山室氏のこの著作は、その膨大な紙幅と緻密な論述とが特徴的であるが、東アジア研究の理論に興味を持っている読者にとって最も重要な部分は、序章として描かれている「アジアへの思想史的問いかけとその視角」という一章であろう。山室氏は、本章において、思想史的角度から東アジアを研究する上での問題意識や理論上の問題点をいろいろと提示しており、我々に踏み込んで検討するに値する材料を提供してくれている。

二　山室信一の出発点と理論的基礎――幾つかの問題についての考え

1　二つの出発点

山室氏のアジア研究の出発点は二つあり、一つは「日本から出発して考える」こと、もう一つは「近代から出発して考える」ことである。山室氏は、まず、アジアとはヨーロッパ人によって与えられた地理名詞であるが、このように外部の他者によって付与されたものであるがゆえに、アジア人は真に自分のものと言える「アジア」を創造しようとつとめることとなり、こうして「与えられたアジア」と「創り出されたアジア」の間で、さらに解きほぐすことの難しい緊張関係が形成されることになったと指摘する。近代日本人が、一方で「与えられたアジア」に抵抗しつつ、他の一方では「創り出されたアジア」を構築することに勤しんだとする山室氏のこのような観点は、極めて卓見だと思われる。筆者は、明治維新以後の日本において形成されていった、このような否定と肯定とを同時に孕んだ「アジア」という社会気分（l'ambiance sociale）は、「近代日本の主体意識の焦り」とでも称することができると考えるが、山室氏のこのような近代日本の歴史経験を切り口とするアジア分析は、非常に鋭く、肯綮に中ったものだと思われる。

山室信一氏のアジア研究の第二の出発点は、近代の歴史経験である。彼は次のように問いかける。(2)

アジアという地域がいつどのような経緯によって「近代世界」に組み込まれ、それによって地域内にいかなる変化が生じたのか、をあくまで「近代世界」全体としての意味連関の中でみていく必要がある。また、日本とアジアを差異化ないし同一化することによって、いったい何が意図され、何が提起されているのか。そこでは、アジアを一つの世界としてまとめあげている要因は何と考えられてきたのか。あるいは、そもそもアジアとは一つの世界として把握できるほどの有機的まとまりをもっているのかという点について、どのように論じられてきたのかも明らかにしなければならないであろう。

山室氏が「近代性」（modernity）という切り口から提起した上のような問題は極めて重要であり、確かに本質を突いている。しかしながら、さらに踏み込んで探求に値するのは、山室氏の言う「近代世界」は、近代ヨーロッパの歴史経験によって形成された「近代」であり、氏が「国民国家」（nation state）、主権国家を指標として、近代日本がアジアの歴史において演じた役割を分析し、「アジア」という地理空間を「近代」法政思想の課題として処理しているということについては注意しておく必要があるであろう[3]。山室氏は、あたかも手に精巧かつ鋭利な「近代」というメスを持って歴史という解剖室に入り、近代アジアの歴史という肌のきめを切り裂いていく。あの『荘子』に見られる料理の達人庖丁が牛を切り分けるような手際で（『荘子』養生主[4]）、メスが触れた途端、歴史の肌は見事に切り分けられていく。

しかしながら、筆者が危惧するのは、山室氏の言う「近代性」とは、ヨーロッパの経験に牛耳られ、古ギリシャ神話の所謂「プロクルステスのベッド」（"Procrustean bed"）に陥ったものではないかというという点である。学術上の「血脈」[5]（伊藤仁斎の言葉）という視点から見ると、山室氏の「近代性」についての論述は、二〇世紀における日本の学術界の多数の先賢の立場を継承するものである。例えば、内藤湖南（一八六六―一九三四）は、唐末五代、つまり一〇世紀以降の中国を「近世」の始まりと見なし、宋代文化の先進性を高く評価したが[6]、内藤史学の「近代」は、実際にはヨーロッパ近代の歴史経験をモデルとしたものであった。[7] 戦後、島田虔次（一九一七―二〇〇〇）は中国における近代思惟の「挫折」を分析したが、彼もヨーロッパ近代の思想発展の軌跡を参考モデルとして用い、明末の李贄（卓吾、一五二七―一六〇二）を代表とする近代的思惟は、近代ヨーロッパに見られるような中産階級という社会的基盤を欠いていたが故についに「挫折」する羽目になったのだと考えている。[8] 山室氏の思想に見られる「近代」は、基本的に内藤湖南、島田虔次、ひいては丸山真男等と同様、[9] ヨーロッパの近代経験を唯一の最高基準と見なしており、世界の近現代史に現れた「多元的現代性」（multiple modernities）を疎かにする傾向があると思われる。

2　理論的基礎

山室氏の本書の理論的基礎は、思想「基軸」、「連鎖」、「投企」という三つの視角から、近代アジアの歴史に対して極めて説得力のある解釈を提出したという点にある。彼は次のように指摘する。[10]

もし本書になにがしかの創意性があるとするならば、これらの三つの視角を抽出することによって、アジアという地域世界を、思想基軸によって認識された（conceived）空間、思想連鎖によって繋がっていった（linked）空間、思想投企によって投射・企画された（projected）空間からなる三面性の総体として捉えることを試みるという点にあるのかもしれない。

こうした山室氏の論述は、高所から問題の全体を俯瞰して、その要点を摑み取るものであり、氏は「基軸」、「連鎖」、「投企」という三つの視角から出発し、多くの問題意識を提出している。ここでは、マクロ的な視野とミクロ的な分析が一体となって進行しており、敬服に値する。

本書の理論的基盤に対して、筆者は以下の二点を提起して、さらに考えを深めていきたい。

その一、山室氏は「空間」を「思想」として捉え、研究を進めるというアプローチを採っているが、ここで必ず一つの問題に直面しなければならない。「思想領域」と「政治領域」との間には「相互不可変性」（irreducibility）というものが存在しており、前者の「作用の仕方」（modus operandi）は決して後者の「作用の仕方」に等しくない。例を挙げて説明すると、一九四五年以前の日本帝国統治下の旧満州国が標榜していた「王道楽土」という「思想基軸」は、決して当時日本帝国に蹂躙されていた中国東北地区の人民の苦しみを救うことはできなかった。

この点に関しては、山室氏も見逃していない。氏は次のように指摘している。[11]

さらに、留意しておかなければならないことは、「実態としてのアジア」と「思想基軸によって認識されるアジア」とは、当然のことながら必ずしも一致しないという点である。というよりも、そもそも思想基軸によって認識されたアジアは、外部世界の実相そのものと区別されて独自に存在する観念の所産に過ぎず、それはあくまで認識地図（cognitive mapping）として存在するのである。こうして獲得されたアジア像を社会想像態（social imaginary）とみなすことは可能であろう。〔中略〕ここに思想基軸という視角を提示したのも、まさにそうしたアジアについての認識を紡ぎ出し、内面化させる核となっている概念がどのようなものであり、それがいかに現実に働きかける駆動因になったかというメカニズムに切り込むためなのである。

この指摘によれば、山室氏は「思想基軸」を氏のアジア研究上の道具として使うということで、それはマックス・ヴェーバー（Max Weber、一八六四—一九二〇）が言うところの研究者の「心理的構成概念」（mental construct）に類似したものであると思われる。[12]

その二、アジアは「地域世界」として、いったいどのように認知されるのか。この問題は考えるに値する。山室氏は次のように指摘している。[13]

なお、アジアという空間の問題性を対象とする本書において、地域世界という用語は日本や中国や朝鮮といった政治社会を超えて成立するトランス・ナショナルな空間を意味することにする。この地域世界は主観的な共属感覚の次元でも捉えられるし、条約や交易などを通して成立する具体的な国家・民族間秩序の次元でも捉えられるが、前者の問題を第一部で、後者の問題を第三部で取り扱う。また、政治社会ないし地域社会というのは、王朝体制や専制国家などの形態あるいは植民地状態などにあったアジア各地のさまざまな国家や民族などを、一括して指すことにしておきたい。その政治社会が欧米や日本からの政治的・思想的衝迫によって固有の政治体制や思想体系を変容させつつ、国民国家の形成に向けて動いていくところに第二部が取り扱う思想連鎖が成り立ってくるという見方を取る。

「地域世界」という研究概念の運用に成功していることが、山室氏の大著の筋道を際立たせ、体系を明確にさせている。しかしながら、我々がさらに踏み込んで考えなければならないのは、国境を跨いだ（transnational）「地域世界」としての「アジア」は、ただ単にアジア各国の間の具体的かつ特殊な相互関係の中に存在できるだけで、各国を超越した抽象概念ではないということである。まさに山室氏が指摘するように、「日本・アジア・世界をそれぞれに孤絶したものとみるのではなく、相互に交叉し、入れ子構造をなす複合的な関係性の諸相を構成するものとみなし、そこにいかなる空間的な規定性が働いたかという課題である」(14)。「アジア」とは、アジア各国の人民の相互交流の中に創造され、互いに影響を及ぼしあって存在しているものであり、あたかも華厳経の「因陀羅網の境界」のごときものである。そこにはアジア各国人民の労働、喜びと悲しみが溢れており、さらに各国の官員が互いに交流する際に生じる「政治的アイデンティティー」と「文化的アイデンティティー」との間の緊張に満ちたものである。山室氏は、「アジアは言説による認識の対象であり、思想や制度が連鎖していく場であったが、同時にまた諸民族が競合し、相互交渉を重ねてきた空間でもあった。そこは、なによりも多くの国家や民族が敵対しつつ、連携を求めてせめぎ合う闘争場裡としてあったのである[15]」と指摘しているが、よくこの特質を言い当てていると言えよう。これは動態的な「過程」としてのアジアであって、静態的な「結果」としてのアジアではないのである[16]。

三　山室信一理論の展開とその内部の問題

1　思想基軸

山室氏が提示する第一の理論的視角は「思想基軸」である。「思想基軸」について氏は次のように説明している[17]。

　そうした空間を識別し、地域世界のまとまりの感覚を確認して区切り方の基準となる概念を、ここでは思想基軸として提示する。思想基軸とは、その概念を中心に構成される像をとおして世界が理解され、解釈されていく事態を捉えるための作業仮説となるものである。地域認識に関していえば、対象を際立たせ、そこに共通性や類似性を見出してまとまりをもつ世界として括り出すための基準となり、その域内の多様性をひとつの特徴に纏め上げ、他の地域世界と差異化する機能を持つものが思想基軸となる。

このように山室氏の言う「思想基軸」とは、ある「地域世界のまとまりの感覚」を構築する概念であるが、筆者はさらに踏み込んで以下の三つの問題を追求したいと考えている。

一、「思想基軸」の思想内容、価値理念あるいは社会気分といったものは、いつ、どこで、どのような人を源とし、どのような歴史を経てアジア人が共有する「思想基軸」となったのか。

二、上に挙げた第一の問題の探求を経て、さらに進んで次のように問うことができる。古から今に至るまで、アジア内部の国々の間の交流にしろ、東洋と西洋との間の交流にしろ、いずれにしても権力上、非対等的（asymmetrical）交流であるがゆえに、ある地域や国家を起源とする「思想基軸」は、中国伝統思想における「天下」あるいは「中国」概念のように、はたまた近代西洋の「人権」概念のように、その大半は、グラムシ（Antonio Gramsci、一八九一―一九三七）の言う「文化覇権[18]」（cultural hegemony）の論述となってしまい、よって、「文化覇権」の構築と解体とがアジア文化交流史や思想交流史研究の重要課題となっている。

三、我々が注意しなければならないのは、「思想基軸」が形成され発展していく過程において、「個人」が思想、概念あるいは価値理念の担い手であるということである。しかし、所謂「個人」は原子論的（atomic）レベルの孤立した「個人」ではなく、ある社会的、文化的グループの成員としての「個人」である。言い換えると、「思想基軸」の担い手としての「個人」は、社会学者デュルケーム（Émile Durkheim、一八五八―一九一七）の言う「社会事実[19]」の中の「個人」であり、社会の「集団記憶[20]」（collective memory）を担っている「個人」でもあるのだ。よって、「思想基軸」中の概念は、表面的には、山室氏の言うように、「先入観が深まり、自他を区別する無意識の大前提となっている」[21]が、しかし、実質的には、各国の社会や経済構造によって決定されているのである。

2　思想連鎖

山室氏が提示する第二の視角は「思想連鎖」である。氏は次のように言う[22]。

ここで思想連鎖というのは、ある時代、ある次元の思想・制度が時代を超え、社会を超えて伝わり、衝迫力を持って新たな思想や社会体制の変革を呼び起こす原因となり、いかに連動性を持って変化していったかに着目するものである。そして、この思想連鎖がいかに欧米とアジアとの間で、さらにアジアの諸政治社会の間で生じたかという相互交渉過程を検討することによって、世界の一環としてのアジアの位相と、さらにそのなかにおける各々の政治社会の繋がりの態様を明らかにするというのが、思想連鎖という視角を設ける目的である。

山室信一氏が指摘する「思想連鎖」に関する研究は、確かに各地域の間に見られる思想連動の結果がもたらした「繋がりの意識」と「共属感覚」を重視しているが、筆者は、それ以上に、思想連動の過程にこそ注目すべきだと考える。

山室氏は、さらに以下のように「思想連鎖」を研究する二つの方法を提起している[23]。

この思想連鎖を具体的に分析していくに当っては、思想連鎖が成立するための条件がいかにして形成され成立していったかという回路についての社会史的接近（external approach）と、その回路を通して具体的にいかなる思想連鎖が生じたかという内実に即した思想史的接近（internal approach）との二つの面での検討が必要になる。

上の二つの研究方法は、内外互いに交わり引き立て合う。アジア近代史についてみれば、日本が近代アジア思想連鎖の過程の中で、最も早く主権国家を建設したことによって、最も重要な役割を演じた事実を把握することが可能となる。

筆者は、基本的に山室氏の「思想連鎖」に関する論述に同意するが、一つだけ補足しなければならないことは、山室氏が、思想連鎖の結果、「平準化」・「類同化」・「固有化」といった三種の現象が生じたと説いていることである。この三種の現象に対する分析においては、特に思想がA地域からB地域へと伝わる過程において、不可避的に筆者の言う「コンテクスト上の転換」（contextual turn）を経なければならないという点に注意しなければならないだろう。[24] もっと具体的に言うと、「平準化」・「類同化」・「固有化」という結果が現れる前に、外来思想と制度は、必ずや先ず本国からの「脱コンテクスト化」（decontextualization）と「再コンテクスト化」（recontextualization）の過程を経るということである。[25] これこそ、我々が「思想連鎖」を研究する時に軽視してはならない問題なのである。

3　思想投企

山室理論の第三の視角は、「思想投企」である。山室氏は、アジアが単なる既知数の存在ではなく、それ以上に未知数の存在であることを認識している。よって、研究者は「アジアはただその在り方を客観的に把握する対象としてあったわけではなく、自らの認識とそれに基づく活動によってそれ自体が大きく変動していく環境としてあり、日本もその内部を構成していた」のだということを認識すべきであり[26]、だからこそ、研究者は「投企（project, Entwurf）としてのアジア」を研究する必要があるのである。山室氏は、進んで「投企」の意味を次のように解釈している[27]。

認識や連鎖を踏まえつつ、にもかかわらず、現実の対外行動や外交において生じた断絶や飛躍、矛盾を明らかにするための視覚が投企であり、本書では自己の置かれた国際秩序や国力などの現存在としての制約を踏まえて、その現場の変更を未来への投射として企てる言動を投企とみなす、と定義しておきたい。つまり、投企という視覚から捉えられるアジアとは、「思い描かれたアジア」と「現にあるアジア」とが交錯する場において、既存の空間秩序をいかに改編して自らが構想する「あるべきアジア」として地域秩序を設定していこうとしたか、その言動に焦点を当てて明らかにしようとしたもの。

山室信一氏が提出した「思想投企」は、確かに卓見であり、極めてよくアジアの歴史内部の主体性という動力が、過去の「現にあるアジア」を未来の「あるべきアジア」へと転化させようとする企てにあったことを把握している。この角度から見ると、日本が、明治維新の成功後、次第に形成していった所謂「日本人の天職」という自惚れた社会的自覚は、もとよりある種の「思想投企」であった。一九二〇年代以後の中国侵略を目標とした日本の「アジア主義」、及び一九二四年一一月、神戸において日本による中国侵略の野心を批判した孫文の「大アジア主義」は、同じく一種の「思想投企」だと見なすことができる[28]。

しかしながら、東アジア文化の特質から見ると、東アジアの「思想投企」を研究する際には、おそらく歴史意識というものを閑却してはならない。東アジア各国の人民は濃厚な歴史意識を持っており、彼らは単になる「政治人」(Homo Politicus)であるだけではなく、また「経済人」(Homo Economicus)というだけでもなく、「歴史人」(Homo Historien)でもあるのだ。東アジア人民(特に中国人)は歴史意識の中に深く浸っており、東アジアの歴史著作の中の古人及びその経験は、博物館の中の「ミイラ」ではなく、図書館の中の書籍のようなもので、現代人はそれを通して歴史の中に入り込み、古人と対話することができるのである。東アジア人民(特に中国人)が「過去」を回顧するということは、とりもなおさず「現在」を理解し、同時にまた「未来」を展望するためなのである[29]。よって、この「歴史意識」こそが、アジアの「思想投企」を研究する上で、軽視できないキーポイントとなるのである。

四　結論

本章では、山室信一氏の理論を検討したが、山室氏の「基軸」、「連鎖」、「投企」という三つの視点からアジアの思想及び文化交流史を研究すれば、確かに比較的容易に、文化人類学者ギアツ（Clifford Geertz、一九二六―二〇〇六）の言う「深層記述[30]」（thick description）というものに到達することができると感じられる。

山室氏の学術的関心は、空間としてのアジアがどのような思想史的意義を持っているのかという点にあり、氏は、「思想」と「空間」とが織り成す世界を通して、氏の言う「知識の位相（topology）」を構築している。このような学術研究が開示しているビジョンは、我々を奮い立たせるものであり、努力して追求するに値するであろう。

［注記］本章の初出は、『台湾東亜文明研究学刊』第一〇巻第二期（二〇一三年一二月）、三四九―三五九頁。

注

（1）山室信一『思想課題としてのアジア　基軸・連鎖・投企』（岩波書店、二〇〇一年）

（2）同右、五頁。

（3）山室氏は、二〇〇〇年一二月七日に中央研究院近代史研究所の招きに応じて講演し、その中で明治日本が主権国家・国民国家への道を突き進み、一〇〇〇年にわたる歴史を持つ東アジア冊封体制を瓦解させた歴史、また近代日本の東北アジア地域の秩序への構想について分析を加えている。山室信一「近代日本的東北亜区域秩序構想」（中央研究院東北亜区域研究、二〇〇一年）を参照。

（4）郭慶藩『荘子集釈』（中華書局、一九六一年）第一冊、巻二上、一一九頁。

（5）伊藤仁斎『語孟字義』、『日本倫理彙編（五）古学派の部』（育成会、一九〇三年）所集、一一頁。仁斎の用語においては、学問の「血脈」は「意味」と対比しており、前者の方が後者よりも重要だと考えられている。

（6）内藤湖南「概括的唐宋時代観」、『歴史と地理』第九巻第五号（一九二二年五月）、一―一一頁。
（7）「内藤史学」における時代区分がヨーロッパの歴史を基準としている点については、「内藤史学」の継承者である宮川尚志と宮崎市定によって確認されている。Hisayuki Miyakawa, "An Outline of the Naitō Hypothesis and Its Effects on Japanese Studies of China," Far Easter Quarterly, XIV:4 (Aug. 1955), pp. 513-522; Miyazaki Ichisada, "Konan Naitō: An Original Sinologist," Philosophical Studies of Japan, 8 (1968) などを参照。
（8）島田虔次『中国における近代思惟の挫折』（筑摩書房、一九四九年、一九七〇年）島田氏は、一九八二年にこの重要な著作を振り返って次のように指摘している。「本書は、王陽明から泰州学派、そして李贄へとつながっていく思想発展の道筋をたどり、彼らの思想が危機に瀕していた近世士大夫の生活と意識から生み出された必然的産物であったということを論証し、かつまた、この思想『運動』が、なぜ李贄の死後に終息してしまったのか、その原因を探求しようと試みた。本書を『近代思惟の挫折』と題したのは、もしヨーロッパの社会と思想の発展の姿を基準として考えるならば、所謂ブルジョアジー市民社会というものが中国においてはまだ形成されていなかったため、思想として見た場合、それ必ず失敗に終わるものだったからである」。島田虔次「戦後日本宋明理学研究的概況」（『中国哲学』第七輯、一九八二年三月）、一四八頁を参照。なお溝口雄三（一九三二―二〇一〇）は、この島田学説に批判的見解を展開している。溝口雄三『中国前近代思想の屈折と展開』（東京大学出版会、一九八〇年）を参照。
（9）丸山真男『日本政治思想史研究』（東京大学出版会、一九七六年）
（10）山室信一『思想課題としてのアジア　基軸・連鎖・投企』、七頁。
（11）同右、一一頁。
（12）Max Weber, translated and edited by Edward A. Shils and Henry A. Finch, *The Methodology of Social Sciences* (New Brunswick, NJ: Transaction Publishers, 2011).
（13）山室信一『思想課題としてのアジア　基軸・連鎖・投企』、七頁。
（14）同右、五頁。
（15）同右、二一―二二頁。

（16）この点については、以下の拙著で詳しく説明している。黄俊傑著・藤井倫明・水口幹記訳『東アジア思想交流史——中国・日本・台湾を中心として』（岩波書店、二〇一三年）、第一章「地域史としての東アジア交流史について——問題意識と研究テーマ」。

（17）山室信一『思想課題としてのアジア　基軸・連鎖・投企』、八頁。

（18）Antonio Gramsci, John Mathews tr., *Selections from Political Writings, 1910-1920* (Minneapolis: University of Minnesota Press, 1990); Quintin Hoare and Geoffrey Nowell Smith eds., *Selections from the Prison Notebooks of Antonio Gramsci* (London: Lawrence & Wishart, 1996); Antonio Gramsci, *Selections from Cultural Writings* (Cambridge, Mass.: Harvard University Press, 1985).

（19）Émile Durkheim, translated by Sarah A. Solovay and John H. Mueller, *The Rules of Sociological Method* (New York: Free Press, 1966).

（20）Maurice Halbwachs, Lewis A. Coser ed. and tr., *On Collective Memory* (Chicago and London: University of Chicago Press, 1992).

（21）山室信一『思想課題としてのアジア　基軸・連鎖・投企』、八頁。

（22）同右、一三頁。

（23）同右、一四頁。

（24）Chun-chieh Huang, *East Asian Confucianisms: Texts in Contexts* (Göttingen and Taipei: V&R Unipress and National Taiwan University Press, 2015), chapter 2, pp. 41-56.

（25）黄俊傑「東亜文化交流史中的「去脈絡化」与「再脈絡化」現象及其研究方法論問題」、『東亜観念史集刊』第二期（二〇一二年六月）、五五—七七頁。

（26）山室信一『思想課題としてのアジア　基軸・連鎖・投企』、一二頁。

（27）同右、一三頁。

（28）Chun-chieh Huang, "Dr. Sun Yat-sen's Pan-Asianism Revisited: Its Historical Context and Contemporary Relevance," *Journal of Cultural Interaction in East Asia*, vol. 3 (March, 2012), pp. 69-74、並びに本書の第九章を参照。

（29）　Chun-chieh Huang and Jörn Rüsen eds., *Chinese Historical Thinking: An Intercultural Discussion* (Göttingen and Taipei: V&R Unipress and National Taiwan University Press, 2015)、黄俊傑『儒家思想与中国歴史思惟』（台湾大学出版中心、二〇一四年）を参照。

（30）　Clifford Geertz, *The Interpretation of Cultures* (New York: Basic Books, Inc., 1973), pp. 3-32、その他の学者の「深層記述」説に対する批評については、Aletta Biersack, "Local Knowledge, Local History: Geertz and Beyond," in Lynn Hunt ed., *The New Cultural History* (Berkeley, Calif.: University of California Press, 1989), pp. 72-96 を参照。

訳者あとがき

本書は、黄俊傑『思想史視野中的東亜』（台湾大学出版センター、二〇一六年）一書の日本語訳である。本書には、黄教授が近年発表された東アジア思想史関連の研究成果が収録されている。黄教授は、台湾における東アジア儒学研究の第一人者であり、台湾大学人文社会高等研究院の院長として、長年にわたり台湾における東アジアの儒学・思想研究をリードされてきた。黄教授の研究に対する熱意、バイタリティーには目をみはるものがあり、その研究成果は夥しい数にのぼる。黄教授のホームページをご覧になれば分かるように、すでに三一冊の中国語単行本著作が出版されており、共著や編著、短篇論文を加えるとその業績の量は膨大なものとなる。著作の代表的なものは、英語や日本語・韓国語などの外国語にも翻訳され、世界各地で読まれている。日本語版としては、すでに以下の6冊が出版されている。

『台湾意識と台湾文化——台湾におけるアイデンティティーの歴史的変遷』（東方書店、二〇〇八年）

『東アジアの儒学――経典とその解釈』（ぺりかん社、二〇一〇年）
『東アジア思想交流史――中国・日本・台湾を中心として』（岩波書店、二〇一三年）
『徳川日本の論語解釈』（ぺりかん社、二〇一四年）
『儒家思想と中国歴史思惟』（風響社、二〇一六年）
『儒教と革命の間』（集広社、二〇一八年）

黄教授は、昨年（二〇一七年六月）台湾大学を退官され、人文社会高等研究院院長の要職も退かれたが、台湾大学特聘講座教授（Distinguished Chair Professor）として続けて講壇に立たれており、研究への熱意も衰えを見せず、これまで以上に精力的な研究活動を展開されている。また、黄教授は「文徳書院」を創設し、儒教精神（人倫道徳）の顕彰と普及にも尽力されている。黄教授は『孟子』及び『論語』研究の権威として名を知られており、その研究のベースは儒教にあるわけだが、私生活では敬虔な仏教徒でもあり、仏典にも精通されており、近年は仏教と儒教との対話、融合というテーマにも関心を持たれ、儒仏の対話に関するシンポジウムや読書会なども多数主催されている。

黄教授が取り組まれてきた学術領域は、儒教経典解釈、大学教養教育、戦後台湾史、東アジア儒学、儒仏比較など多岐にわたるが、そのなかでも質量ともに最も大きな成果を出されているのが「東アジア儒学」研究であろう。黄教授は台湾大学人文社会高等学院において、大規模な「東アジア儒学研究プロジェクト」を立ち上げ、東アジアの儒学・思想関連の数々の国際シンポジウムを開催、国内外の研究者が集い、学術交流を展開する場を設けて、東アジア儒学研究を推進された。その研究成果は、「東亜儒学研究叢書」というシリーズで陸続と刊行されている。本書の中国語原著も、このシリーズにおさめられている。

黄教授の東アジア儒学研究の特質を簡単にまとめると以下の点が指摘できるのではないだろうか。

一、東アジアを、「中心」（文化伝達者）としての中国と「辺境」（文化受容者）としての朝鮮・日本・ベトナムで構成される世界と捉える「一元」的東アジア観を批判し、東アジアを、それぞれ主体性を有する地域が互いに影響を及ぼし合って構成されている世界と捉える「多元」的東アジア観を主張している点。この点、黄教授は、東アジア世界は、一人の指揮者（中国）によってすべてが管轄、リードされる交響曲ではなく、それぞれの役者が異なる役割をもってその主体性を主張し、互いに影響を与え合っているオペラのようなものだと、巧みな比喩を用いて説明されている。

二、東アジア世界の文化交流の実態を理論化して的確な概念で説明を試みている点。たとえば、中国の文化は朝鮮や日本など東アジアの各地域に伝わると「脈絡上の転換」という現象が起こる、つまり中国の歴史や文化を背景として生まれたある思想なり概念が東アジア各地に伝わると、まず中国的な「脈絡」（背景・意味合い）から切り離されて「脱脈絡化」し、当該地域の歴史・文化世界に適合するよう「再脈絡化」されて受け入れられるという。この説明は、異文化受容、土着化というものがどういうことなのかを理論的に非常に分かりやすく説明するものだと言える。

三、東アジア儒学の全体構造、相互関係を巨視的に捉えている点。黄教授は中国だけでなく、日本や朝鮮の儒学にも大変造詣が深く、三者を同じ舞台に並べて比較し、その異同を明らかにされている。黄教授の分析によれば、中国の儒学は内なる心のあり方を重視する「心情倫理学」が主流となっているのに対し、日本の儒学は実際の功業を重視する「実効倫理学」に傾いているとされる。こうした比較結果は、さらに踏み込んで慎重に検証していく必要があると思われるが、専門化が進み、研究分野があまりに細かく別れ、タコツボ化してしまっている昨今、黄教授のようなマクロな視点から日・中・韓の儒学を比較し、それぞれの特徴を捉える研究が大きな意味を持っていることは言うまでもないであろう。

以上指摘した特質は本書でも遺憾なく発揮されており、本書では東アジアの思想交流史を俯瞰し、その影響関係、全体構造が理論的に解明されていると言えよう。われわれは、本書を通して東アジアにおける思想交流において何が問題となり、どのような現象が生じたのか、その実態が巨視的に把握できるのではないだろうか。

なお本書の第八章と第九章では孫文の「王道」精神が取り上げられ、日本の近代がヨーロッパ帝国主義＝「覇道」の道を歩んだとして批判されており、日本人には耳が痛いところだが、黄教授の意図が、決して単なる日本批判にあるのではなく、日増しに国力を高め、アメリカと肩を並べる超大国になりつつある中国を牽制する点にあることは明らかである。ここでは日本の過去に対する批判が、構造的に中国の未来に対する警告として機能しており、今後の中国のあり方を牽制する巧みな戦術だと見なすことができるであろう。

黄教授の東アジア観によれば、東アジアという存在は、中国・韓国・日本・ベトナムといった個々の地域の間の実際の交流の中から浮かび上がってくる流動する文化圏であった。このことを敷衍して言えば、東アジア文化圏に属する国々は、歴史的に他国との交流を前提としてはじめて存立し得るものであったのであり、つまり他との関係を無視したら自己そのものが成り立たない、そのような相互依存の関係にあったとみなすことができる。だとすれば、東アジア文化圏においては、相手を知らないことは、自己を理解していないに等しいことになる。東アジア文化圏において、東アジアの何たるかを知るということは、結局自己を理解することに等しいと言えるのではないだろうか。日中関係、日韓関係ともに互いに不信感が高まり、対立が目立ち始めている昨今、本書を通して東アジアについて改めて考えてみることは大きな意味があるであろう。

最後に、本書の日本語訳を快くお引き受けくださり、協力してくださった風響社の石井雅社長に心より感謝申し上げたい。

二〇一八年夏

藤井倫明

書名

索引

人名

マ

ヤ

ラ

ハ

ナ

サ

索引

事項

著者紹介
黄俊傑
(Huang, Chun-chieh ／こう　しゅんけつ)
1946年、中華民国（台湾）高雄県生まれ。国立台湾大学歴史学科学士（1969）、同大学院修士（1973年）、ワシントン大学（シアトル）大学院歴史学部博士（1980年）。台湾大学人文社会高等研究院院長、中華民国通識（大学教養教育）学会理事長などを経て、現在、台湾大学特聘講座教授(Distinguished Chair Professor)、文徳書院院長、中央研究院中国文哲研究所学術諮問委員。
専攻は東アジア儒学、大学教養教育、戦後台湾史など。
日本語の著作には『台湾意識と台湾文化：台湾におけるアイデンティティーの歴史的変遷』（東方書店、2008年）、『東アジアの儒学：経典とその解釈』（ぺりかん社、2010年）、『東アジア思想交流史：中国・日本・台湾を中心として』（岩波書店、2013年）『徳川日本の論語解釈』（ぺりかん社、2014年）、『儒家思想と中国歴史思惟』（風響社、2016年）、『儒教と革命の間』（集広社、2018年）などがある。

訳者紹介
藤井倫明（ふじい　みちあき）
1971年、愛知県生まれ。
愛知教育大学教育学部国語科卒、九州大学大学院文学研究科修士課程修了、同大学院博士課程修了。博士（文学）。
中華民国（台湾）立徳管理学院応用日語学系助理教授、雲林科技大学漢学資料整理研究所助理教授、台湾師範大学国際漢学研究所助理教授、同大学東亜学系副教授などを経て、現在、台湾師範大学東亜学系教授。
専門は宋明思想、東アジアの朱子学。
著書に『朱熹思想結構探索：以「理」為考察中心』（台大出版中心、2011年）、訳書に黄俊傑著『東アジアの儒学：経典とその解釈』（ぺりかん社、2010年）、黄俊傑著『東アジア思想交流史：中国・日本・台湾を中心として』（共訳、岩波書店、2013年）などがある。

思想史的観点からみた東アジア

2018年9月20日　印刷
2018年9月30日　発行

著　者　黄　俊　傑
発行者　石井　雅
発行所　株式会社　風響社

東京都北区田端4-14-9（〒114-0014）
03(3828)9249　振替 00110-0-553554
印刷　モリモト印刷

ISBN 978-4-89489-250-7 C1022